# 高层管理者能力的影响

## ——管理层能力、盈余信息质量与资本配置效率

潘前进◎著

中国经济出版社
CHINA ECONOMIC PUBLISHING HOUSE
·北京·

**图书在版编目（CIP）数据**

高层管理者能力的影响：管理层能力、盈余信息质量与资本配置效率／潘前进 著.
—北京：中国经济出版社，2015.10
ISBN 978－7－5136－3939－2

Ⅰ.①高…　Ⅱ.①潘…　Ⅲ.①金融—数据处理—研究　Ⅳ.①F830.41

**中国版本图书馆 CIP 数据核字（2015）第 198422 号**

责任编辑　杨　莹　郑潇伟
责任审读　贺　静
责任印制　巢新强
封面设计　任燕飞

**出版发行**　中国经济出版社
**印 刷 者**　北京柏力行彩印有限公司
**经 销 者**　各地新华书店
**开　　本**　710mm×1000mm　1/16
**印　　张**　15.75
**字　　数**　211 千字
**版　　次**　2015 年 10 月第 1 版
**印　　次**　2015 年 10 月第 1 次
**定　　价**　58.00 元
**广告经营许可证**　京西工商广字第 8179 号

**中国经济出版社** **网址** www.economyph.com **社址** 北京市西城区百万庄北街 3 号 **邮编** 100037
本版图书如存在印装质量问题，请与本社发行中心联系调换（联系电话：010－68330607）

# 前 言

资本是企业得以生存和发展壮大的重要动力和源泉，是促进国家经济增长必不可少的重要要素。资本配置是资源配置的重要组成部分，其效率的高低对加强和改善宏观调控，保持经济持续稳定发展和微观经济主体的成长发展发挥着十分重要的作用。对宏观经济来讲，资本配置带来的未来现金流量的增加是其增长的源泉；对微观企业而言，资本配置是企业战略决策中非常重要的组成部分，影响着企业战略能否有效实施，决定着企业的经营风险、经营业绩、盈利水平、未来发展前景及其价值的大小。相关文献研究结果表明，提高资本配置效率的一个有效途径就是增加公司的信息透明度，缓解信息的非对称性，而企业会计信息尤其是企业盈余信息是企业利益相关者，特别是投资者进行投资决策最直接、最重要的依据之一。

中国会计准则自改革开放以来为适应经济形势的快速发展不断进行变革。会计准则的不断变革给公司高层管理者留下了越来越多的会计政策选择的空间，能力不同的管理者由于对会计政策选择权利应用的不同，因此会影响企业会计信息质量。而目前的研究大都集中在股权集中度、股权制衡度、董事会特征、监事会特征、政治关系、公司成长性等因素对公司盈余信息质量的影响上，鲜有文献涉及高层管理者管理能力对盈余信息质量，资本配置效率的影响。然而，在现实中这种影响却是无法忽视的。现代公司的最主要特征就是所有权与经营权的分离，这种分离使得高层管理者拥有了公司的控制权，因此高层管理者对公司的行为及未来业绩便有着很大的影响，首要影响就是对会计行为方面的影响。公司是一系列契约的组合，而会计信息，尤其是盈余信息是公司决策及公司与各利益相关者之间是否签订、执行和修订契约的重要依据。管理者也并非完全理性和同质无差异的，不同的管理者由于运用既定资源创造产出的能力有很大的不同，相同情况下，不同的高层管理者会有不同的判断，选择不同的会计政策。由此可看出，高层管理者作为现代公司的一个重要组成部分——受托经营管理者，对公司的盈余信息质量，以及对公司的资本配置效率会有一定的影响，但管理能力不同的高层管理者是否会影响公司的资本配置效率和盈余信息质量以及影响的结果如何，是一个值得深入研究的问题。该问题的研究有助于加深人们对中国上市公司高层人力资本在公司盈余信息质量、资本配置效率等领域的了解和认识，有助于监管部门制定相关政策来完善中国上市公司的会计信息披露制度，提高盈余信息质量，具有一定的理论意义和实践价值。

本书在对国内外相关研究成果系统总结的基础上，从委托代理理论、信息不对称理论和信号传递理论出发，对高层管理者管理能力、盈余信息质量和资本配置效率三者之间的关系进行了规范分析和实证研究。首先，在梳理高层管理者管理能力、盈余信息质量和资本配置效率的文献的基础上，分别选用适合的计量模型对高层管理者管理能力、盈余信息质量和资本配置效率进行度量；其次，依据三者之间相互作用的机理，结合中国上市公司最终控制权性质及大股东持股、股权制衡、产品市场竞争和机构投资者持股等内外部治理机制提出了相应的假设；然后，采用多元回归分析的方法对提出的假设进行了检验；最后，总括本书的研究结论，提出相应的对策建议并指出未来值得进一步研究的方向。研究得出以下主要结论：

**1. 样本上市公司中，高层管理者的管理能力与资本配置效率呈现显著的负相关性，且负相关性不随最终控制人的性质改变而变化。**

进一步研究发现，第一大股东持股比例的增加会增强国有控股公司高层管理者的管理能力与资本配置效率的负相关性，但其他作用均不显著；股权制衡对高层管理者的管理能力与资本配置效率之间的关系影响不显著；产品市场竞争度能减弱高层管理者的管理能力与资本配置效率之间的负相关性，但这种作用在非国有控股公司中更为显著；机构投资者持股明显降低高层管理者的管理能力与过度投资之间的正相关性，然而对投资不足的影响并不显著。

**2. 现有的文献表明，在较完善成熟的资本市场中，运用公司既定资源能够高效率创造产出的高层管理者会对公司的盈余信息质量产生正向的影响。**

而中国上市公司高层管理者管理能力的提高并没有提升公司的盈余信息质量，反而明显地降低了公司的盈余信息质量。笔者认为良好的传导效应需要良好的经济环境和社会机制、高效的监督体制和披露制度以及公开、合理、竞争性强的高层管理者聘任机制为基础，而中国目前还缺乏如此理想的制度环境。综合考虑公司的股权结构、外部治理环境和最终控制人性质后，发现第一大股东持股比例的增加显著地增加了管理能力与盈余信息质量的负相关性，这种加强作用在国有控股公司中较为显著，在非国有控股公司中并不显著；股权制衡度在总体上虽能减弱高层管理者的管理能力与盈余信息质量的负向关系，但作用并不显著，这种减弱作用在国有控股公司中非常显著，在非国有控股公司却不显著；产品市场竞争度在总体上能明显抑制高层管理者的管理能力与盈余信息质量的负相关关系，这种抑制作用不论是在国有控股公司还是非国有控股公司均非常显著；而机构投资者持股总体上明显减弱了高层管理者的管理能力与应计盈余信息质量和盈余平滑度的负相关关系，增强了高层管理者的管理能力与真实盈余信息质量的负向关系，这种作用与最终控制人的性质无关。

3. 不论最终控制人性质如何，盈余信息质量均与公司的资本配置效率呈现显著的正相关性。

样本上市公司中高质量的盈余信息能缓解公司的信息不对称性，抑制投资过度行为，改善投资不足现象，提升资本配置效率，而这种作用与最终控制人的性质无关；从高层管理者的管理能力、盈余信息质量与资本配置效率三者之间的关系研究中发现，随着高层管理者管理能力的增强，盈余信息质量抑制公司过度投资的程度将减弱，而降低公司投资不足的程度则不显著，这种作用与最终控制人的性质无关。

研究的创新主要体现在如下两个方面：

一方面，相对于现有的研究文献而言，本书在研究资本配置效率影响因素中引入了人力资本要素，拓展了资本配置效率的研究领域，丰富了高层管理者管理能力与资本配置效率方面的文献。对资本配置效率的研究，现有的文献基本是从治理机制、会计信息质量、非财务信息和股价信息含量等角度展开的，而从管理者的管理能力角度对其进行研究的文献较少。现在，越来越多的文献表明高层管理者作为公司战略制定者和执行者，对公司的资本配置有较大的影响。经营管理能力不同的高层管理者由于对公司本身的状况、行业的发展趋势等有不同的研判，面对相同的投资机会选择的投资策略会有很大的不同，这无疑会对公司的资本配置有较大的影响。笔者比较深入地研究了管理能力是否影响及如何影响公司的资本配置，并在研究的过程中考察了股权结构和产品市场竞争等内外部治理机制的作用。

另一方面，相对于现有的研究文献而言，本书拓展了盈余信息质量的研究领域，丰富了高层管理者管理能力与盈余信息质量方面的文献。

现有的文献大都从所有权结构、董事会特征等内部治理机制或者金融生态环境、机构投资者持股等外部治理机制着手研究其对公司盈余信息质量的研究。也有部分文献从管理者过度自信、高层管理者特征、CEO 声誉或者变更等角度研究其对公司盈余信息质量的影响，但直接从管理者运用既有资源创造产出的能力角度对盈余信息质量进行研究的文献较少。在以两权分离为基础的现代公司中，高层管理者作为公司战略制定的重要参与者和实际执行者，其能力的高低无疑对公司的盈余信息质量有较大的影响。经营管理能力高的高层管理者是提高还是降低公司的盈余信息质量，相应的原有文献中的治理机制是否会对此产生影响，这些都是目前文献中较少涉及但又很值得研究的课题。本书系统地研究了在中国弱势有效的资本市场中，上市公司高层管理者的管理能力与盈余信息质量之间的关系，并进一步实证研究了相应的治理机制对二者之间关系的影响，进一步丰富了高层管理者的非同质性对盈余信息质量影响方面的文献。

此书是河南省科技厅软科学项目“上市公司管理层能力、盈余质量与资本配置效率研究”（152400410530）的阶段性研究成果，同时得到了国家自然科学基金面上项目（71573086）和河南省高等学校哲学社会科学创新团队支持计划（2014 - CXTD - 10）的资助。在写作的过程中，得到了王君彩教授、鲁桂华教授等很多老师及同行的指点与帮助；出版的过程中，得到了杨莹编辑、杨雪教授及出版社同仁的大力支持，在此一并致谢。由于作者研究水平有限，书中难免会有不当与错漏，敬请各位读者批评指正。

关键词：管理者管理能力　盈余信息质量　资本配置效率 治理机制

作　者

2015 年 9 月 26 日

# Preface

Capital is an important motive force and source of enterprises' survival and growth. It is an essential factor of a country's economic growth. Its allocation is an important part of resource allocation and its efficiency plays a vital role on macro – economy and enterprise development. For macro economy, the increase of future cash flow from capital allocation is the source of its growth. For micro – businesses, capital allocation, as a part of corporate strategy, determines business risk, profitability levels, the prospects and its value. Related literatures show that an effective way to improve the efficiency of capital allocation is to increase the transparency of information and ease its asymmetry. Accounting information, especially the earnings information, is one of the most direct basis to make decisions.

Since reforming and opening, Chinese accounting standards continues to change to adapt to the rapid development of the economic situation. The changing standards have left more space for top managers to select accounting policies. The current studies mostly focused on the relationship between earnings quality and ownership concentration, equity balance degree, board characteristics, characteristics of the Supervisory Committee, political relations, the growth and so on. There is little literature on the management ability, earnings quality, and then capital allocation efficiency. However, in reality, the impact is impossible to be ignored. The main feature of Modern Corporation is the separation of ownership and management, which makes the managers have company control. Therefore, the top executives will have a great impact on company's behavior and future performance, especially accounting behavior. As we know, the company is a combination of a series of contracts, and the accounting information, especially the earnings information is an important basis to sign, execute and revise the contract for stakeholders. In fact, managers are not entirely rational and homogeneous. Facing the same situation, managers with different abilities will have different judgments and diverse accounting policies. Undoubtedly, managers, as an important part of the modern corporation, have some impact on earnings quality, and then capital allocation efficiency. But it is little study on how does the managers with different ability affect the earnings quality and the efficiency of capital allocation and it worth to research. Research on these issues will help to understand the effect of high – level human capital in the fields of earnings quality and the capital allocation efficiency. It also help regulators to make relevant policy to perfect accounting information disclosure system. So, this book has some theoretical significance and practical value.

Based on the related research, this book, starting from the principal – agent theory, asymmetric information theory and signal transmission theory, conducts a normative analysis and empirical research on the relationship between the managerial ability, earnings quality and capital allocation efficiency. First of all, this book, based on the analysis of relevant literature, selects suitable model to measure managerial ability, earnings quality and efficiency of capital allocation. Secondly, some corresponding assumptions are put forward on the basis of the interaction mechanism, the ultimate control property, ownership structure, product market competition and institutional investors. Then the proposed hypothesizes are tested used by multiple regression analysis method. Finally, this book summarizes the findings, puts forward corresponding countermeasures and points out some directions for further study. This research mainly draws the following conclusions.

The relationship between managerial ability and efficiency of capital allocation is significantly negative in Chinese listed companies and this correlation is unrelated to the nature of ultimate controllers. Further study finds that increasing the proportion of the first shareholder can only strengthen their negative correlation in state - owned holding companies, other effects are not significant; equity restriction has not significantly affect their correlation; product competitiveness can abate their negative correlation and this effect is more significant in the non - state - owned holding companies; institutional investors can only significantly reduce the positive correlation between the managerial ability and overinvestment.

The existing literature suggests the managers who use a firm resources more efficiently will have a positive effect on the earnings quality in a mature capital market. But the relationship between managerial ability and earnings quality is significantly negative in Chinese listed companies. This book argues that a good conduction effect is based on a good economic environment and social mechanisms, efficient supervision system and reasonable competitive managerial appointment. And such an ideal system environment has not formed in China. Further research finds that increasing the proportion of the first shareholder can only strengthen their negative correlation in state - owned holding companies;

equity restriction, in generally, could weak their negative relationship, but the effect is not significant, and this weakening effect is very significant in the state – owned holding companies but not significant in the non – state – owned holding companies; product competitiveness, in generally, could significantly attenuate their negative relationship, and this weakening effect is very significant in both companies; institutional investors generally decreased the negative correlation between managerial talent and accrued earnings quality and smoothness, but increased the negative relationship between the managerial ability and real earnings quality. And this effect has nothing to do with the nature of ultimate controller.

Regardless of the nature of the ultimate controller, the correlation between earning quality and company's capital allocation efficiency is significant positive. The high quality of the earnings information could alleviate the company's information asymmetry, inhibit excessive investment behavior, improve investment deficiency, To enhance the efficiency of capital allocation. And this has nothing to do with the nature of the ultimate controller. regardless of the nature of the ultimate controller, the study on the relationship among managerial ability, earnings quality and capital allocation efficiency find that, with the enhancement of managerial talent, earnings quality's inhibition in excessive investment will decrease, and improvement in investment deficiency is not significant.

The innovation in this book is mainly reflected in two aspects as follows:

First, this book, compared with the existing research literature, introduces the factors of human capital in the study of factors which affect capital allocation efficiency. This expands the research field of the capital allocation efficiency and enrich literature about the relationship between managerial ability and the efficiency of capital allocation. The researches on capital allocation efficiency in existed literatures were basically from the governance mechanism, the quality of accounting information, non – financial information and the information content of stock price. And the study from the managerial talent was less. A growing body of literature suggested that top managers, as corporate strategy makers and implementers, had great impact on the company's capital allocation. Managers, who have different managerial ability, will choose distinct investment strategy when facing the same opportunity and this undoubtedly has great effect on the company's capital allocation. This book thoroughly studies whether and how managerial talent affects the company's capital allocation and then examines the role of the internal and external governance mechanisms, such as ownership structure and product market competition.

Second, this book, compared with the existing research literature, expands the research field of the earnings quality and enrich literature about the relationship between managerial ability and earnings quality. The researches on earnings quality in existed literatures were basically from the internal governance mechanism, such as ownership structure, board characteristics or from the external governance mechanism, such as financial ecological environment, institutional investors etc. Some researches were from the managerial overconfidence, top management features, CEO reputation and so on, but there is little study from the perspective of managerial ability, which use the existed assets to create the output. The typical feature of Modern Corporation is the separation of operating rights and ownership. In modern companies, senior managers are the important participators and executors to the company's strategy and their ability will undoubtedly has a great impact on the earnings quality. There was little research on how does managerial talent affect earnings quality but it's a worthy studying topic. This book systematically studies the relationship between managerial capabilities and earnings quality of the listed companies in Chinese weak efficient capital market and then further empirical study on the impact of their relationship from corresponding governance mechanisms. The research enrich the literature about the impact of managers' non-homogeneity.

This book is the stage research results of "the managerial ability, earnings quality and capital allocation efficiency in listed companies" (152400410530) from Henan Science and Technology Agency. At the same time, it is sponsored by the project of the National Natural Science Foundation of China (71573086) and the innovation team support program of Henan province university philosophy and social sciences. In the process of writing and publishing, I'm grateful for the advice and help from the professor Wang Juncai, Lu Guihua, Yang Xue, Yang Ying editor, many others and peers. As author's level restricts, the places of mistake and careless omission existing in this book, respectful to please make a comment by expert.

Key words: Managerial Ability; Earnings Quality; Capital Allocation Efficiency; Governance Mechanism

# 目　录

前　言 / 1

Preface / 1

第 1 章　导论 ………………………………………………………… 1

1.1 研究背景及意义 / 3

1.2 研究内容和研究方法 / 10

1.3 基本概念界定 / 15

1.4 研究创新之处 / 19

第 2 章　文献回顾与述评 …………………………………………… 21

2.1 高层管理者管理能力的文献综述 / 23

2.2 关于盈余信息质量的文献综述 / 30

2.3 资本配置效率的文献综述 / 43

2.4 文献述评 / 55

第 3 章　理论基础与制度背景 ……………………………………… 57

3.1 理论基础 / 59

3.2 中国投资制度背景 / 66

第 4 章　高层管理者能力与资本配置效率的实证检验 ………………… 73
4.1 问题的提出 / 75
4.2 理论分析与研究假设 / 77
4.3 研究设计 / 83
4.4 实证检验结果与分析 / 94
4.5 稳健性检验 / 112
4.6 本章小结 / 112

第 5 章　高层管理者能力与盈余信息质量的实证检验 ………………… 115
5.1 问题的提出 / 117
5.2 理论分析与研究假设 / 120
5.3 研究设计 / 127
5.4 实证结果与分析 / 134
5.5 稳健性检验 / 156
5.6 本章小结 / 157

第 6 章　高层管理者能力、盈余信息质量与资本配置效率的实证检验 ………………………………………………… 159
6.1 问题的提出 / 161
6.2 理论分析与研究假设 / 163
6.3 研究设计 / 166
6.4 实证检验结果与分析 / 169
6.5 稳健性检验 / 199
6.6 本章小结 / 199

**第 7 章　研究结论、政策建议及展望** …………………………… 201

7. 1 研究结论 / 203

7. 2 政策建议 / 206

7. 3 研究展望 / 208

**参考文献** / 210

# 图表目录

图 1.1　研究框架图 / 11

表 3 – 1　改革探索时期的主要改革措施 / 68

表 3 – 2　改革深化时期的主要改革措施 / 70

表 3 – 3　继续深化改革时期的主要改革措施 / 71

表 4 – 1　样本公司所属行业分布情况表 / 84

表 4 – 2　主要变量的名称、符号及定义 / 91

表 4 – 3　样本中各观测值分布情况表 / 94

表 4 – 4　过度投资样本中主要研究变量的描述性统计 / 95

表 4 – 5　投资不足样本中主要研究变量的描述性统计 / 96

表 4 – 6　过度投资样本组中各主要变量间 Person 相关系数表 / 98

表 4 – 7　投资不足样本组中各主要变量间 Person 相关系数表 / 99

表 4 – 8　高层管理者管理能力与非效率投资的回归结果 / 101

表 4 – 9　第一大股东持股比例、高层管理者管理能力与非效率投资的回归结果 / 104

表 4 – 10　股权制衡度、高层管理者管理能力与非效率投资的回归结果 / 106

表 4 – 11　产品市场竞争度、高层管理者管理能力与非效率投资的回归结果 / 108

表4－12　机构投资者持股、高层管理者管理能力与非效率投资的回归结果／110
表5－1　主要变量的名称、符号及定义／133
表5－2　全样本中主要研究变量的描述性统计／136
表5－3　国有控股和非国有控股企业相关变量差异比较／137
表5－4　各主要变量间 Person 相关系数表／140
表5－5　高层管理者管理能力与盈余信息质量的回归结果／141
表5－6　第一大股东持股比例、管理者管理能力与盈余信息质量的回归结果／144
表5－7　股权制衡度、高层管理者管理能力与盈余信息质量的回归结果／148
表5－8　产品市场竞争度、高层管理者管理能力与盈余信息质量的回归结果／151
表5－9　机构持股者持股、高层管理者管理能力与盈余信息质量的回归结果／153
表6－1　主要变量的名称、符号及定义／167
表6－2　过度投资样本中主要研究变量的描述性统计／170
表6－3　投资不足样本中主要研究变量的描述性统计／171
表6－4　过度投资样本组中各主要变量间 Person 相关系数表／172
表6－5　投资不足样本组中各主要变量间 Person 相关系数表／174
表6－6　盈余信息质量与过度投资的回归结果／175
表6－7　国有控股公司样本中盈余信息质量与过度投资的回归结果／177
表6－8　非国有控股公司样本中盈余信息质量与过度投资的回归结果／179
表6－9　盈余信息质量与投资不足的回归结果／180

表 6－10　国有控股公司样本中盈余信息质量与投资不足的回归结果 / 182
表 6－11　非国有控股公司样本中盈余信息质量与投资不足的回归结果 / 184
表 6－12　高层管理者管理能力、盈余信息质量与过度投资的回归结果 / 185
表 6－13　国有控股公司样本中管理能力、盈余信息质量与过度投资回归结果 / 188
表 6－14　非国有控股公司样本中管理能力、盈余信息质量与过度投资回归结果 / 190
表 6－15　高层管理者管理能力、盈余信息质量与投资不足的回归结果 / 192
表 6－16　国有控股公司样本中管理能力、盈余信息质量与投资不足回归结果 / 195
表 6－17　非国有控股公司样本中管理能力、盈余信息质量与投资不足回归结果 / 197

第1章

# 导论

## 1.1 研究背景及意义

### 1.1.1 研究背景

资本是企业得以生存和发展壮大的重要动力和源泉，是促进国家经济增长必不可少的重要因素。资本配置是资源配置的重要组成部分，其效率的高低对加强和改善宏观调控，保持经济持续稳定发展和微观经济主体的成长发展发挥着十分重要的作用。林毅夫等（1995）指出，对发展中国家来说，资本是所有要素中最稀缺的资源，其配置效率的高低直接影响经济的增长速度。对宏观经济来讲，资本配置带来的未来现金流量的增加是其增长的源泉；对微观企业而言，资本配置是企业战略决策中非常重要的组成部分，影响着企业战略能否有效实施，决定着企业的经营风险、经营业绩、盈利水平、未来发展前景及其价值的大小。

正是基于资本配置在宏观经济发展与微观企业增长中的重要作用，大量的学者很早就对企业的资本配置效率问题进行了非常深入的研究。Clark（1917）、Meyer 和 Kuh（1957）、Modigliani 和 Miller（1958）、Brainard 和 Tobin（1968）等学者在严格的限制条件下对此问题进行了较为深入的研究。最著名的是 Modigliani 和 Miller（1958）提出的“MM 理论”。“MM 理论”假定公司在经营风险相同和没有公司所得税的影响的情况下，得出的结论是公司的资本结构和其市场价值无关，即公司的资本投资决策不影响其资本结构。“MM 理论”要求的假设条件非常严格，假设存在完美和无摩擦的资本市场，然而，现实世界中存在着诸如信息不对称、委托代理问题、公司内部的治理结构、政府的干预等许多阻碍资本自由流动的因素，极至完美的资本市场根本不可能存在。于是，Jensen 和 Meckling（1976）、Myers 和 Majluf（1984）、Jensen（1986）、Bantel 和 Jackson（1989）、Lipton 和 Lorsch（1992）、程仲鸣等（2008）等学者逐渐放松早期企业投资理论假设的条件，分别研究了信息不对称、委托代理问题、决策者的背景特征、内部治理结构及政府干预等阻碍资本流动，影响资本投资规模和配置效率的问题。研究结果表明，增加信息的透明度，缓解信息的不对称是提高企业资本配置效率的一个重要途径。会计信息尤其是盈余信息是投资者进行投资决策最直接、最重要的依据之一，其向利益相关者尤其是投资者传递的信息能在很大程度上缓解企业信息的不对称性。但在两权分离的现代公司制度下，高层管理者和公司股东的利益目标并不完全一致，不同公司的高层管理者有目的性地操纵公司发布的盈余信息，提供信息含量和信息质量差异很大的财务会计报告，加剧了信息的非对称性，而这有可能误导投资者的判断，影响资本投资的方向和效率，所以研究会计盈余信息的含量和质量能否影响以及如何影响公司的资本配置效率成为财务金融领域的一个热点问题。

上市公司的会计信息，特别是盈余信息，反映着上市公司的财务状况、经营成果和盈利能力，是市场上利益相关者判断上市公司的经营业绩好坏和发展潜力的重要依据，也是投资者决定其资金投向的一个重要参考，在市场经济中发挥着越来越重要的作用。企业是一系列契约的组合（Jensen 和 Meckling，1976），企业的盈余信息除了是决策者进行有效决策的基本依据以外，还是企业一系列契约签订的基础。Fama（1980）认为在有效市场中，随着企业组织的日益复杂，会计信息作为市场价格机制的一种替代，不仅是企业各方签订一系列契约的重要依据，而且对公司资源的配置起引导作用。

中国会计准则自改革开放以来为适应经济形势的快速发展而不断进行变革，在不断与国际会计准则趋同的过程中，逐渐形成了由规则导向型向原则导向型过渡的会计准则。所谓原则导向型会计准则，就是不再对具体会计准则内容的例外事项详细列举，而仅仅对主要会计原则进行简明扼要的陈述。会计准则的使用者以会计准则列举的原则为依据，对大量的具体会计事项根据自己的职业判断进行选择和应用，这样使得上市公司拥有了更大的会计政策选择空间，对公司不确定性业务的会计处理方法也越来越灵活。2006 年 2 月 15 日，中国财政部发布了新企业会计准则体系，并随后进行了不断的补充解释和进一步修订。该准则是介于原则导向型与规则导向型之间的会计准则，是中国企业会计准则与国际会计准则不断趋同的阶段性成果。新准则及其随后的修订是依据我国制定的与国际会计准则持续趋同的总目标并结合中国经济发展所处的阶段和企业开展业务的实际，提出了很多新的理念和做法，形成了较为完整的准则体系。这有助于提高中国资本市场中会计信息的质量，并促进其健康发展，与此同时，上市公司高层管理者和会计人员也被赋予了更多自主权选择会计处理方法和会计调整政策的权力。

所有权与经营权的分离是现代公司最典型的特征，两权分离后，公司股东的目标为公司价值最大化，而高层管理者作为理性人更加看重自身利益最大化，二者由于目标函数不同，所追求的目标并不一致。公司股东虽然决定着公司战略投资方向，但高层管理者决定着公司发展战略的选择、投资方案的确定和日常的经营活动等。不同的经营管理者经营管理公司拥有资产的能力不同，而能力不同的高层管理者对公司发展的挑战和机遇会有不同的认识，选择不同的发展规划和方向，从而对公司所拥有资源的利用效率差异也会很大。高层管理者决策的不同会对公司的经营产生影响，再加上会计选择权的进一步加大，公司面临经营环境的日趋复杂，不同能力的高层管理者由于其本身能力和其他因素的影响将披露不同质量的财务会计报告。从理论上讲，能干的高层管理者由于对资产的运用能力更强，对未来的研判更准确，因此应倾向于披露更高质量的会计盈余信息，以降低信息的不对称性，而信息不对称性的缓解有利于降低公司筹集资金所需的成本，也有利于吸引利益相关者更多的关注公司长远发展和寻找更适宜的战略投资伙伴，从而达到公司价值最大化的目标。由于信息的不对称性和契约的不完备性，高层管理者为了不同的目标也有可能操纵公司应计盈余信息，影响盈余信息质量。例如，有些上市公司或者国有大型企业更倾向于选择报告虚增的盈余，向外界传递利好消息以树立企业良好的经营形象等，而这些无疑都将影响到公司所披露盈余的质量。Demerjan et al.（2013）以美国1989—2009年上市公司为样本，经研究发现，管理能力强的高层管理者由于对宏观经济环境有更好的把握、对行业发展机会有更敏锐的判断，从而能对公司发展及其所在行业有更好的预判，能更加准确地运用会计准则对公司的具体特殊事项进行相应地处理，从而更好地估计应计利润，倾向于披露更高质量的盈余信息。中国社会政治经济环境独特，上市公司大多是由原国有企业股份制转变而成，国有股仍占很大比重，而且中国目前也缺乏非常有效的经理人市场，在声誉、薪酬、职业前景等方面可能激励上市公司高层管理者披露较高质量盈余措施，但作用十分有限的情况下，这一结论能否成立值得我们深入地研究。

综上所述，资本配置效率的高低对宏观经济的持续健康发展和微观经济主体的成败至关重要。而高质量的盈余信息能缓解公司信息的非对称性，有利于资本配置效率的提高。现实是中国的会计准则正在由规则导向型向原则导向型过渡的过程中，新的会计准则赋予高层管理者和会计人员在会计处理方法方面更大的实质选择权。选择权的增加有利于高层管理者和会计人员根据经济业务的实质进行账务处理，提高公司财务信息的含量和质量。然而，两权分离后的公司所有者和经营管理者的利益并不总是一致。被赋予更大会计剩余控制权的高层管理者是利用选择权按照经济业务的实质披露更高质量的财务信息，从而提高公司资本的配置效率，还是利用选择权操纵更多的会计信息，降低公司的资本配置效率？对既有资产运用能力不同的高层管理者是否会做出不同的选择，这些都是值得深入研究的问题。尤其是中国资本市场中“一股独大”“股权分割”普遍存在的情况下，大股东是与会计剩余控制权增大的高层管理者共谋，进一步加剧控股股东与其他利益相关者之间的利益冲突，还是利用其控股地位制约高层管理者运用会计剩余控制权牟取私利的行为，以提高公司总体的价值；公司已有的治理机制和制度安排能否影响管理能力不同的管理者运用会计剩余控制权的效率，进而改善资本配置效率；政府监管部门采取的监管措施能否有效地保障其他利益相关者的经济利益。本书将在理论分析的基础上对这些问题进行深入地探讨。

### 1.1.2 研究意义

本书研究的目的：主要是分析新兴加转轨的中国资本市场中，高层管理者的能力是否影响公司的盈余信息质量和投资效率以及影响的机制；实证检验高层管理者的管理能力对盈余信息质量、资本配置效率的影响以及内外部的治理机制是否对这种关系具有治理作用；并进一步深入探讨高层管理者的管理能力对盈余信息质量与资本配置效率之间关系的影响。该研究有助于深化人们对中国上市公司高层人力资本在公司盈余信息质量、资本配置效率等领域作用的了解和认识，并为进一步拓展这些领域的研究奠定了一定的基础。

本书研究的理论意义如下：

1. 有助于充实盈余信息质量理论研究方面的文献。

从现有的文献看，国外学者对于盈余信息质量影响因素的研究大多集中在公司的具体属性上。比如研究股权结构、董事会特征、监事会特征、独立董事比例、CEO 的声誉及相关背景等与盈余信息质量之间的相关关系。而国内学者对于盈余信息质量的研究大多沿袭国外的研究思路，再结合中国市场经济的特性研究内外部治理机制等对盈余信息质量的影响。比如研究公司股东制衡度、第一大股东持股比例、机构投资者持股、产品市场竞争度、股东性质、股东政治关系、高管持股比例及特征、更换等方面的内容与公司盈余信息质量之间的关系。高层管理者是公司最珍贵的人力资源，其管理能力的大小及其主观的动机、自信程度等也影响公司的盈余信息质量，而现有的文献对此大多是从高层管理者的特征、CEO 的变更及 CEO 的声誉等视角探讨其对盈余信息质量的影响，直接研究高层管理者管理能力与盈余信息质量之间关系的文献却比较少。本书深入地探讨了在中国特殊的制度背景下，高层管理者的能力与会计盈余信息质量之间的相关关系，并从内部治理机制和外部治理机制两个角度着手，实证检验了中国相应的内外部治理机制是否对高层管理者的管理能力与盈余信息质量之间的关系产生影响和产生什么样的影响。这有助于进一步扩大盈余信息质量研究的相关领域，深化理解会计盈余信息质量理论研究的内容。

2. 有助于丰富高层管理者的管理能力与资本配置效率方面的文献。

公司的高层管理者是公司中非常重要的极具影响力的核心人物，对公司的计划、组织、经营等战略都有重大的影响。现有的文献基本都是以“高层梯队理论”为基础，研究高层管理者的性别、年龄、信仰及教育背景等特征对公司资本投资效率的影响。在有效契约观下，管理能力高的高层管理者相较于管理能力低的高层管理者由于对行业的发展趋势有更准确的研判和对公司的资源更高效的利用，应能提高公司的资本配置效率。然而，这些研究成果都是基于西方比较成熟的资本市场和特有的产权制度安排下得出的。中国是一个新兴加转轨的市场经济体制，国有控股公司在资本市场中占主导地位，利率市场化机制尚不成熟，行业垄断与竞争并存等使得中国的公司资本配置面临的情况更为复杂。基于西方成熟市场为基础的研究成果能否适用于中国复杂的资本市场，是一个值得深入研究的问题。本书的研究提供了中国新兴市场情景下的实证检验证据，有助于完善现有的资本配置研究的相关文献。

本书研究的实践意义在于：

1. 有助于提升对上市公司的盈余信息质量影响因素的认识。

经过实证研究，我们发现公司高层管理者的管理能力与其会计盈余信息质量呈显著的负相关性，进一步研究发现，股权集中度越高，二者之间的负相关性越高，而股权制衡度的提高、产品市场竞争度的加剧和机构投资者持股比例的提升能降低二者之间的负相关性。实证数据表明，中国资本市场中上市公司一股独大现象仍然比较普遍。在这种情况下，大力发展机构投资者提高其持股比例，增强控股股权的制衡能力和引入充分竞争机制有利于提高会计盈余信息质量，改善中国资本市场配置资源的效率。

2. 有助于公司更好地选聘人才和监管层加强监管。

资本是企业得以生存和发展壮大的重要动力和来源，是促进国家经济增长必不可少的重要因素。资本配置是资源配置的重要组成部分，其效率的高低对宏观经济的持续健康发展和微观经济主体的成长发展发挥着十分重要的作用。在所有权和经营权分离为标志的现代公司中，高层管理者作为公司战略制定的重要参与者和实际执行者，其能力的高低对公司的经营管理和资本的配置效率影响较大。研究管理能力强的高层管理者是否能更好的提升公司披露的盈余信息质量、更有效的提高公司资本配置效率，并厘清它们之间的关系，有利于公司股东或董事会更好的选用高层管理者，也有利于监管部门制定相关政策完善中国上市公司的会计信息披露制度，加强会计信息披露的透明度。

## 1.2 研究内容和研究方法

### 1.2.1 研究内容

不同公司的高层管理者由于应用公司拥有资源的效率不同，其管理能力是存在明显差异的，也就是说高层管理者之间是非同质性的。本书的研究就是从高层管理者的非同质性着手，依据承上启下、层层推进的逻辑开展研究，进行论述分析。首先，本书分别探讨能力不同的高层管理者是否会对其所在公司的资本配置效率、盈余信息质量产生影响，并结合中国资本市场的特点从最终控制人角度进行了比较深入的研究；其次，从公司的内部治理机制和外部治理机制着手分析相应的治理机制是否能够对它们之间的关系产生影响，为后文的进一步探讨做出相应的铺垫；再次，分析不同质量的盈余信息是否会对公司资本配置的效率产生影响，并从不同最终控制人的角度进一步分析盈余信息质量对公司资本配置效率是否会产生不同的影响，并分析其产生的机理和原因；然后，结合相关理论，实证检验了高层管理者管理能力、盈余信息质量及资本配置效率三者之间的相互关系。最后，针对上述论述结果，提出进一步优化股权结构，大力发展机构投资者和加强信息披露制度以提高中国上市公司资本配置效率的对策和建议。

主要研究框架如图 1.1 所示。

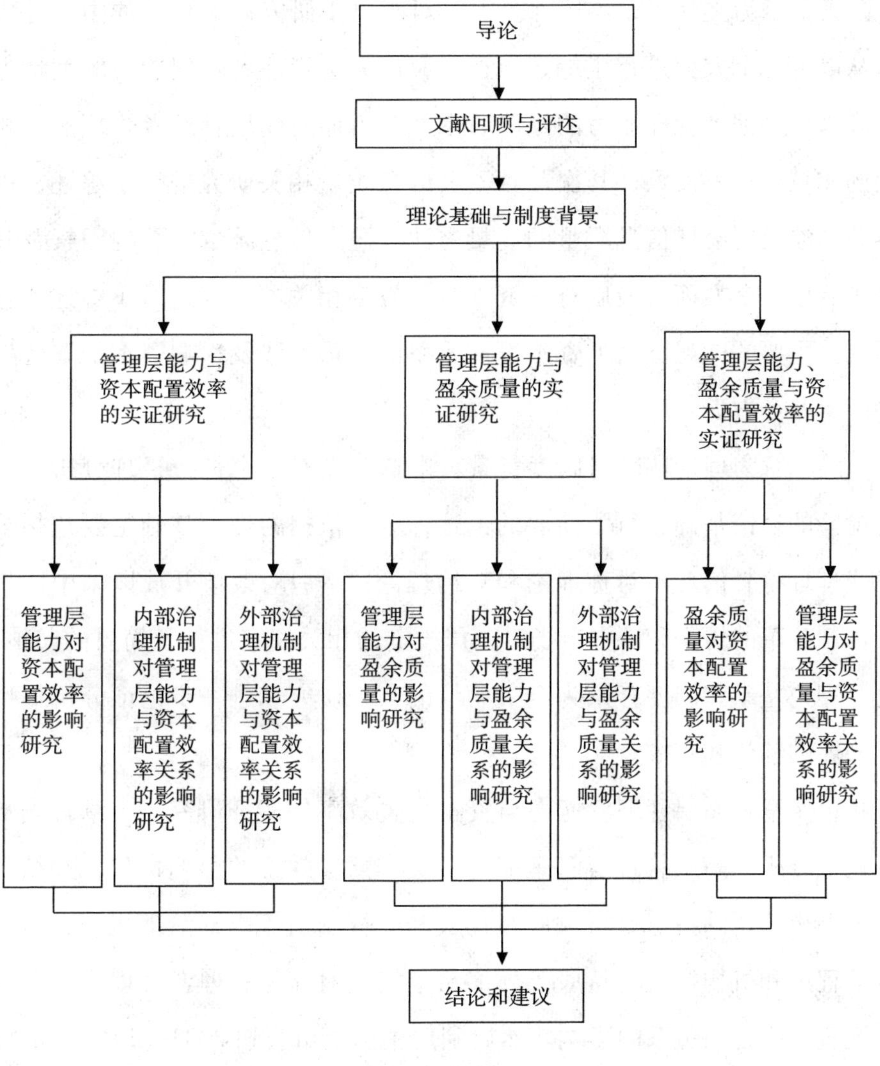


**图 1.1　研究框架图**

具体内容安排如下：

第 1 章为导论。该章首先探讨了本书选题的现实背景及开展此项研究的理论和实践意义，其次介绍了全书的研究内容及研究方法，然后界定了其涉及的高层管理者能力、盈余信息质量和资本配置效率等相关概念，最后提出了全书可能的创新之处。

第 2 章为文献回顾与述评。本章对与书中研究内容相关的国内外文献从以下几个方面进行了综述。首先，从高层管理者管理能力的度量方法和高层管理者管理能力的经济后果两个方面对高层管理者管理能力相关的文献进行了回顾；其次，对盈余信息质量相关研究进行了综述，内容分别涉及到会计信息质量的度量方法、盈余信息质量的影响因素及其经济后果三个方面；最后对与资本配置效率相关的文献进行了综述，包括目前主要的微观层面上资本投资效率的度量方法及影响资本配置效率的因素两个方面。

第 3 章为理论基础与制度背景。本章首先对全书进行机理分析和实证检验的理论基础进行了简要的论述，全书依据的理论基础主要包括委托代理理论、信息不对称理论和契约理论；然后对改革开放以来中国投资体制改革的历程和证券市场对公司投资的相关规定进行了简要的归纳。这些理论基础和制度背景为全书后续的实证研究和进一步论证分析提供了必要的铺垫和支撑。

第 4 章为高层管理者能力与资本配置效率的实证研究。本章首先从理论上分析了高层管理者管理能力对资本配置效率的影响机理，并结合中国上市公司的特点分析大股东控股和股权制衡等内部治理机制，市场竞争程度和机构投资者持股等外部治理机制对高层管理者管理能力与资本配置效率之间关系的影响。然后利用中国上市公司 2003—2013 年的样本数据，以 Richardson（2006）模型衡量的资本配置效率为基础，深入检验了中国上市公司高层管理者管理能力对公司资本配置效率的影响方向和程度，还进一步探讨了相关的内外部治理机制对二者之间关系产生的影响。

第5章为高层管理者能力与盈余信息质量实证研究。本章以信息不对称理论、委托代理理论和利益相关者理论为基础，结合中国资本市场的现实情况，深入分析中国上市公司高层管理者管理能力影响盈余信息质量的机理，并结合公司股权集中度、股权制衡度、产品市场竞争度和机构投资者持股等内外部治理机制发挥作用的原理探讨内外部治理机制对二者之间关系的影响，接着依据分析并提出了相应的假设，然后利用中国上市公司的样本数据，在构造了由真实盈余信息质量、应计盈余信息质量、盈余平滑度和盈余信息指数四个盈余信息质量代理指标的基础上，对本章提出的假设进行了相应的实证检验与分析。

第6章为高层管理者能力、盈余信息质量与资本配置效率关系的实证检验。本章首先对公司盈余信息质量是否影响其资本配置效率进行了较为深入的分析，提出了盈余信息质量的提高能抑制公司的过度投资，改善公司的投资不足，提高公司资本配置效率的假设；然后进一步分析高层管理者作为公司盈余信息质量影响的一个重要要素，对盈余信息质量和资本配置效率之间的关系产生影响的机理；最后，利用中国上市公司的数据，通过建立实证模型验证高层管理者能力、盈余信息质量和资本配置效率之间的关系并进行了相应的分析。

第7章为全书的研究结论、政策建议及展望。本章首先对第4章、第5章和第6章的实证研究结论进行了总结。然后针对实证过程中发现的问题进行了规范分析，并提出相应的治理对策及建议。最后指出了未来值得进一步深入研究的方向。

### 1.2.2 研究方法

高层管理者能力、盈余信息质量与资本配置效率问题的研究，是一个涉及到多门学科并比较复杂的命题。本书在广泛借鉴国内外相关文献研究的基础上，综合运用了金融学、会计学和计量经济学等多门学科的相关知识进行研究。在研究的过程中，综合运用了定性研究与定量研究、规范研究与实证研究等方法，力求深入探讨高层管理者能力、盈余信息质量和资本配置效率之间的关系。

1. 定性研究与定量研究相结合的方法

本书在相关文献述评、理论基础及制度背景分析时采用了定性研究的方法；在高层管理者管理能力、资本配置效率及盈余信息质量的度量，高层管理者管理能力、公司最终控制权、盈余信息质量及资本配置效率之间关系的研究时，运用了定性和定量相结合的研究方法。两种研究方法的综合应用使得本书在论述高层管理者管理能力与资本配置效率、高层管理者管理能力与盈余信息质量及三者之间关系时能够有理有据、深入浅出。

2. 规范研究与实证研究相结合的方法

近年来，财务学领域研究问题时运用最广泛的方法就是对规范研究和实证研究的综合应用。规范研究探索问题的方式主要是理论分析及推导，其过程是在一定的假设条件下，经过严密的逻辑推理演绎等方法得出结论。但是通过演绎、归纳、整理得出的结论却往往存在与现实状况不完全相符的缺陷。而实证研究主要以现实中的数据为基础对问题进行计量分析，这恰好能弥补规范研究的不足。实证研究一般以实际经济活动中已发生的数据为基础对研究的对象进行模型化处理，这一处理方式不仅能够证实或证伪规范研究推出的结论，还有助于人们认识到研究对象的本质。在研究的过程中，全书综合应用这两种方法对相关问题进行了研究：在第 4 章、第 5 章和第 6 章研究过程中，首先分别对高层管理者管理能力与公司资本配置效率、高层管理者管理能力与盈余信息质量、盈余信息质量与公司资本配置效率之间的关系进行了规范研究，然后利用中国资本市场 2003—2013 年上市公司的样本数据，应用实证研究方法进一步验证上述规范研究演绎、归纳的结论是否能够被证实。规范研究与实证研究方法的综合应用，使得对所研究问题的论证更加严密和充分。

## 1.3 基本概念界定

### 1.3.1 高层管理者能力

1. 高层管理者

现代公司最典型的特征是所有权和经营权相分离，由此形成了公司所有者和公司经营管理者。高层管理者一般指的是公司的高层管理者，即接受所有者的委托，对受托的公司资产进行运营管理并获取报酬的经营管理者。2014 年 3 月施行的《中华人民共和国公司法》第 216 条第（一）项规定：高级管理人员，是指公司的经理、副经理、财务负责人，上市公司董事会秘书和公司章程规定的其他人员。通过对现有文献的梳理发现，在不同的制度背景下，对高层管理者的概念和范围有明显不同。国外的研究一般将高层管理者的范围界定为以首席执行官（CEO）为核心的高层管理团队（Krishnan et al. ，1998；Murphy，1999）。国内的研究对高层管理者的界定角度较多，一般是从广义和狭义两个角度对其进行界定。从广义角度上看，高层管理者一般包括公司年报上披露的公司的董事、监事和高级管理人员（魏刚，2000；陈冬华等，2005 等）；从狭义角度上界定，高层管理者包括年报中披露的总经理、副总经理、财务总监、董事会秘书和其他高级管理人员，不含董事会和监事会成员（刘凤委等，2007；吕长江和赵宇恒，2008 等）；还有一种是仅把高层管理者界定为董事长和总经理（李增泉，2000；吴文锋等，2008 等）。该研究对高层管理者的界定综合考虑了国内外的相关研究，按照委托代理理论的逻辑框架并结合中国的现实，将高层管理者定义为公司执行层面的高层管理者，主要包括公司的经理、副经理、财务负责人，上市公司董事会秘书及其他高级管理人员，不包括公司的董事会和监事会成员。

2. 高层管理者能力

高层管理者能力指的是高层管理者的管理能力，即公司高层管理者运用公司拥有或控制的既有资源，对组织进行有效运作，创造产出的效率。企业的本质就是利用投入各种资源——人力资本、财力资本和物力资本去创造产出。能力高的高层管理者一般能通过人、财、物的合理配置，在既定资源条件下生产出更多的产出或者在既定产出下花费更低的成本，即拥有更高的投入产出比率。

### 1.3.2 盈余信息质量

“盈余信息质量”一词是 20 世纪 30 年代美国证券分析行业在分析上市公司经营状况的过程中衍生出来的。Thornton L O’Glove（1987）第一次以持续性作为研究重点对该词进行了比较系统的研究。随后学术界对其内涵不断扩展，但由于其内涵非常丰富，截至目前为止尚未就其内涵形成一个公认的、统一的界定。周波浪（2002）经过研究认为，公司的盈余信息质量应包括两方面含义：一是公司财务报告中报告的会计盈余匹配真实盈余的程度；二是会计盈余与公司未来产生的现金流量金额、时间的相符程度，这体现对未来公司盈余的预测能力。张新民和王秀丽（2003）则从公司是否有盈利能力、盈余结构是否合理及盈余结果是否具有获取现金能力等方面规范盈余信息质量，并对盈余结构质量的特性进行了界定。Dechow et al.（2010）在回顾 AR、JAE 等相关研究文献后认为，高质量的盈余应是那些能提供更多与公司特定决策者决策相关的公司业绩信息的盈余。

而在如何衡量盈余信息质量的高低方面，学者们从不同的角度提出了很多的方法。有的学者以应计利润的质量来衡量盈余信息质量，其基本思想是盈余的可预测性越强，盈余信息质量越高，而应计利润质量用 DD 模型或修正的 DD 模型回归残差的标准差来表示，标准差越大，盈余信息质量越小（Francis et al.，2005；李青原，2009 等）；有的学者以盈余平滑度来衡量盈余信息质量，其基本思想是盈余的及时性越强，盈余信息质量越高，而盈余平滑度的典型测度方法是经年初总资产标准化后的营业利润标准差与经营活动现金净流量的标准差之比，比值越高，盈余信息质量越高（Leuz et al.，2003 等）；有的学者用盈余持续性来衡量盈余信息质量，其基本思想是盈余的持续性越高越有助于投资者对公司的定价，市场反应越正面，而持续性用未来盈余对当期盈余回归的系数表示，该值越大，盈余信息质量越高（Lipe，1990；Xie，2001 等）；有的学者用盈余反应系数衡量盈余信息质量，其基本思想是股票回报反映会计基本业绩的程度，而盈余反应系数用股票回报对水平盈余和增量盈余的系数表示，该值越大，盈余信息质量越高（Fan 和 Wong，2002；佟岩和王化成，2007 等）。

在借鉴相关学者对盈余信息质量界定的基础上，结合研究目的，笔者认为，公司的盈余信息质量应具有两层含义：第一，盈余信息作为公司提供的一项重要会计信息，是利益相关者做出其决策的重要依据，其质量的高低会影响其决策的正确与否；第二，对公司来说，盈余能否最终真正实现对公司的生存发展尤为关键，所以，盈余的质量应能体现其转化为现金流的程度。研究中的实证部分以此界定为基础，借鉴国内外学者对盈余信息质量的衡量方法，用公司盈余管理程度的大小及盈余与现金流之间的匹配程度来度量盈余信息质量。

### 1.3.3 资本配置效率

资本配置效率是经济学和财务学研究的核心命题。资本配置的关键是其能在多大程度上配置到正确的公司或投资的项目上。Stein（2003）指出，一个完整的资源配置流程包含融资和投资两个阶段。公司融资就是能否从资本市场以合理的成本筹到足够的资本，是对资源的第一次配置；而公司投资是资源的第二次配置，是把筹集到的资本恰当的分配到公司拥有的高报酬率的项目中去。公司融资阶段只是整个流程的开始，并不是资本配置的最终目标，而公司投资的目的是在公司内部如何合理配置筹集到的资本从而创造更大的价值，是公司资本配置的最终目标，且外部资本市场和内部资本市场配置资本的原理和机制差别很大，因此，研究中的资本配置效率仅指公司层面上微观的投资效率，并不包括公司的融资效率。

对于公司投资效率，目前国内外相关文献并没有统一的、公认的定义。近年来，有学者从公司财务管理的目标角度界定投资效率。公司财务管理的目标是实现公司价值的最大化，而投资是公司财务管理的重要活动之一，故公司投资的目的应该是为实现公司价值最大化而进行的。从这个角度讲，在完美的资本市场中，公司应接受所有净现值 NPV≥0 投资项目，而拒绝所有净现值 NPV<0 的投资项目。但现实却并不完美，叶蓓（2008）将投资效率界定为公司运用投入的资源提升公司价值的能力。本书也从这一视角来界定公司投资效率，认为公司的投资效率是公司实际投资额与实现企业价值最大化的最优投资额之间的差异程度，即公司

实际投资额与企业预期最优投资额之间的差异越小，说明公司的资本投资效率越高，反之则越低。

## 1.4 研究创新之处

研究以国内外相关研究文献为基础，结合中国资本市场投资制度背景和上市公司投资现状，综合运用委托代理、信息不对称和不完全契约等经济理论，综合采用规范研究、实证研究等方法，对高层管理者管理能力、盈余信息质量与资本配置效率的关系进行了比较深入的探讨。创新之处主要包括以下两个方面：

1. 相较于已有的研究文献而言，拓展了资本配置效率的研究领域，丰富了高层管理者管理能力与资本配置效率方面的文献。对资本配置效率的研究，现有文献基本是从治理机制、会计信息质量、非财务信息和股价信息含量等角度展开的，与本书研究角度比较相近的文献是从高层管理者的背景特征进行的，这部分文献以“高层梯队理论”为基础，实证研究高层管理者的教育背景、年龄、声誉和职业生涯等方面与公司投资效率之间的关系，这些特征一定程度上证明了高层管理者运用资产的能力。越来越多的文献（Mackey，2008；Wasserman et al. ，2010）表明高层管理者作为公司战略和实际战略的执行者，对公司的资本配置有较大的影响。经营管理能力不同的高层管理者由于对公司本身的状况、行业的发展趋势等有不同的研判，面对相同的投资机会选择的投资策略会有很大的不同，这无疑会对公司资本的配置有较大的影响。本书深入地研究了管理能力是否及如何影响公司的资本配置，并在研究的过程中考察了股权结构和产品市场竞争等内外部治理机制的作用，这在已有的文献中探讨较少。笔者首次把人力资本的因素引入到对资本配置效率影响因素的公式中进行研究，拓展了该领域的研究范围，进一步丰富了这方面的文献。

2. 相较于已有的研究文献而言，拓展了盈余信息质量的研究领域，丰富了高层管理者管理能力与盈余信息质量方面的文献。现有文献大都从所有权结构、董事会特征等内部治理机制或者金融生态环境、机构投资者持股等外部治理机制着手研究其对公司盈余信息质量的研究。也有部分文献从管理者过度自信、高层管理者特征、CEO 声誉或者变更等角度研究其对公司盈余信息质量的影响，但直接从管理者运用资产创造产出的能力角度对盈余信息质量进行研究的文献较少。在两权分离为基础的现代公司中，高层管理者作为公司战略制定的重要参与者和实际执行者，其能力的高低无疑对公司的盈余信息质量有较大的影响。经营管理能力高的高层管理者是提高还是降低公司的盈余信息质量，相应的原有文献中的治理机制是否会对此产生影响都是目前文献中较少涉及但又很值得研究的课题。应用现有衡量高层管理者管理能力的方法，本书系统研究了在中国弱势有效的资本市场中上市公司的高层管理者管理能力与盈余信息质量之间的关系，并进一步实证研究了相应的治理机制对二者之间关系的影响，进一步丰富了高层管理者的非同质性对盈余信息质量影响方面的文献。

第2章

# 文献回顾与述评

## 2.1 高层管理者管理能力的文献综述

### 2.1.1 高层管理者管理能力的度量方法

毋庸置疑，高层管理者的管理能力对公司的经营业绩、战略实施、公司治理和持续发展等都具有非常重要的影响，但高层管理者的管理能力是一个非常难以准确量化的目标，因此大部分的研究都是规范研究或者理论分析，也有一些学者对此进行了很多努力，形成了一定的度量方法。主要有基于公司具体特征的评价方法、管理者的固定效应评价方法、数据包络分析（DEA）评价方法、数据包络分析后进一步分离法等。

1. 基于公司具体特征的评价方法

这类评价方法是基于公司的某一个具体的指标值作为衡量高层管理者管理能力的衡量方法。例如，用公司的规模大小代理高层管理者的管理能力（Rosen，1982）；用过去5年媒体对高层管理者（CEO或CFO）的关注或报道的平均数量来代理高层管理者的管理能力（Milbourn，2003；Francis，2008等）；也有学者以高层管理者（CEO）的任期长短作为高层管理者管理能力的代理变量（Milbourn，2003）或者公司的超额市场回报率的大小作为高层管理者管理能力的代理变量（Rajgopal et al.，2006；Baik et al.，2011等）。显然，某一个具体的指标值的大小受到的影响因素很多，这些度量方法很不准确，因为很多情况下其变化并不一定与高层管理者的管理能力有关系。

2. 管理者的固定效应评价方法

这类评价方法是追踪管理者变更公司的情况，以管理者变更前后作为对比来衡量高层管理者的管理能力（Bamber et al. 2010，Ge et al. 2011）。这种方法的局限性是为区分公司的固定效应和管理者的固定效应，在样本期间，研究对象必须要有至少一次的管理者更换，这对研究对象有了很大的限制，并且管理者的发挥作用是需要经过一段时间的，管理者的更替并不代表管理者的影响立即停止，所以该方法难以得到广泛的应用。

3. 数据包络分析（DEA）评价方法

著名的运筹学家 A. Charnes，W. W. Coper 和 E. Rhodes（1978）是数据包络分析方法（DEA）的开创者。该方法主要是对性质相同的各业务单元之间相对效率进行衡量并进行比较，其基本原理主要是首先保证各决策单元（DMU）之间资源输入和输出的种类保持不变，然后利用数学规划和统计方法确定各种资源不同数量组合相对有效的生产前沿面，接着将各个决策单元实际的各种资源组合投影到已确定的相对有效的生产前沿面上，最后通过比较各决策单元偏离相对有效生产前沿面的程度来评价其相对有效性。按照其基本原理，数据包络分析（DEA）评价方法在评价公司高层管理者的管理能力时，把每个公司看作是一个单独的决策单元（DMU），在每个决策单元里，公司的管理者运用公司既定的资源——人力资本、财力资本和物力资本作为输入的变量，而输出的变量则是经过运营管理产生的产品的质量、公司的客户评价度、营业收入、经济效益等。通过对输入输出数据的综合分析，DEA 可以得出每个公司高层管理者运用既定资源的相对综合效率，并把该相对综合效率作为高层管理者管理能力的代理变量。

数据包络分析评价方法发展至今已具有很多的模型，而 $C^2R$ 模型主要是用于评价多种投入变量和多种产出变量的“生产部门”的生产效率的模型，一般的高层管理者管理能力的评价方法均借鉴该模型。其基本模型描述如下：

假设同一行业中有 $n$ 家公司（决策单元）（$j=1$，…，$n$），每家公司都有 $m$ 种类型的资源输入（$i=1$，2，…，$m$）和 $s$ 种类型的产出（$r=1$，2，…，$s$）。用 $x_{ij}$表示第 $j$ 家公司的第 $i$ 项投入数量，$y_{rj}$表示第 $j$ 家公司的第 $r$ 项产出数量。则投入产出状况可表示如下：

$$
\text{投入}\left\{\begin{array}{l} 1 \rightarrow \\ 2 \rightarrow \\ \vdots \;\; \vdots \\ m \rightarrow \end{array}\right.\begin{bmatrix} x_{11} & x_{12} & \cdots & x_{1n} \\ x_{21} & x_{22} & \cdots & x_{2n} \\ \vdots & \vdots & & \vdots \\ x_{m1} & x_{m2} & \cdots & x_{mn} \end{bmatrix} \tag{2-1}
$$

$$
\begin{bmatrix} y_{11} & y_{12} & \cdots & y_{1n} \\ y_{21} & y_{22} & \cdots & y_{2n} \\ \vdots & \vdots & & \vdots \\ y_{r1} & y_{r2} & \cdots & y_{rn} \end{bmatrix}\left.\begin{array}{l} \rightarrow 1 \\ \rightarrow 2 \\ \vdots \;\; \vdots \\ \rightarrow s \end{array}\right\}\text{产出}
$$

若有 $v_i$ 表示公司第 $i$ 项投入的权重，$u_r$ 表示公司第 $r$ 项产出的权重，则第 $j$ 家公司的投入产出比 $R_j$ 可表示如下：

$$
R_j = \frac{\sum_{r=1}^{s} u_r y_{rj}}{\sum_{i=1}^{m} v_i x_{ij}} \quad (j = 1,2,\cdots,n) \tag{2-2}
$$

通过选取适当的权重值 $v_i$（$i=1$，2，…，$m$）和 $u_r$（$r=1$，2，…，$s$），使对 $j=1$，2，…，$n$ 有 $R_j \leq 1$，则对第 $j_0$ 家公司的高层管理者管理能力的评价可归结为如下优化模型：

$$
\max R_{j_0} = \sum_{r=1}^{s} u_r y_{rj_0}
$$

$$s.t\begin{cases}\sum_{i=1}^{m} w_i x_{ij} - \sum_{r=1}^{s} u_r y_{rj} \geq 0(j = 1,2,\cdots,n) \\ \sum_{i=1}^{m} w_i x_{ij_0} = 1 \\ w_i \geq 0(i = 1,2\cdots,m), u_r \geq 0(r = 1,2,\cdots,s)\end{cases} \quad (2-3)$$

其对偶问题是：

$$\min\theta$$

$$s.t\begin{cases}\sum_{j=1}^{n} \lambda_j x_{ij} \leq \theta x_{ij_0} & (i = 1,2,\cdots,m) \\ \sum_{j}^{n} \lambda_j y_{rj} \leq y_{rj_0} & (r = 1,2,\cdots,s) \\ \lambda_j \geq 0 & (j = 1,2,\cdots,n)\end{cases} \quad (2-4)$$

对模型 2－4 写成向量形式，就可以求出 $\theta$，$\theta$ 就是第 $i$ 个公司运用既有资源进行产出的效率，满足 $0<\theta \leq 1$。Fee 和 Hadlock（2003）、Leverty 和 Grace（2012）和黄永安等（2011）的研究均使用该方法衡量公司高层管理者的管理能力。

4. 数据包络分析后进一步分离法

这类方法是 Demerjian（2012）首先提出的，其基本思路是数据包络分析（DEA）算出的效率值并不仅仅是属于公司高层管理者的，还有一部分是归属于公司的特征的，譬如公司的规模大小、公司市场份额、公司可利用的现金、上市公司的年限、业务分部的多少、经营业务的复杂度等无疑影响数据包络分析算出的效率值。所以他进一步用 Tobit 回归把效率值分离成公司属性和高层管理者属性两个组成部分，把归属于高层管理者属性的部分定义为公司高层管理者的管理能力。分离模型如下：

$$\begin{aligned} Firm\ Efficiency_i = {} & \alpha + \beta_1 Size_i + \beta_2 Market\ Share_i + \beta_3 Free\ Flow\ Indicator_i \\ & + \beta_4 \ln(Age)_i + \beta_5 Business\ Segment\ Concentration_i \\ & + \beta_6 Foreign\ Currency\ Indicator + Year + \varepsilon_i \end{aligned} \quad (2-5)$$

模型2-5中，*Firm Efficiency*为用数据包络分析（*DEA*）计算出的公司效率；*Size*为公司的规模；*Market Share*为所占用的市场份额；*Free Cash Flow Indicator*为自由现金流指数，公司自由现金流为非负时，赋值为1，否则为0；*Age*为上市公司年限；*Business Segment Concentration*为业务集中度；*Foreign Currency Indicator*为业务复杂度指数，有国外经营业务赋值为1，否则为0；残差$\varepsilon$即为公司的高层管理者管理能力。在其后的研究中，Francis et al.（2013）、Panayiotis C. Andreou et al.（2013）、张铁铸和沙曼（2014）、陈德球和步丹璐（2015）等均对使用此方法计算的高层管理者管理能力进行了相应的研究。

### 2.1.2 高层管理者管理能力的经济后果

高层管理者是公司战略的实际执行者，其能力的高低直接关系着公司的生存和发展。自从Demerjian（2012）对高层管理者的管理能力衡量方法提出后，陆续有相关文献以此为基础度量高层管理者管理能力并进行了相关研究。

Sharon Huang和Li Sun（2013）以美国1987—2008年上市公司为研究样本，实证检验了真实盈余管理程度、公司未来业绩和高层管理者管理能力之间的关系。实证结果认为，公司真实盈余管理程度与其未来业绩呈显著的负相关关系，即公司的真实盈余管理行为损害了公司的未来业绩；在加入高层管理者管理能力变量后发现，管理能力高的高层管理者能明显降低真实盈余管理与公司未来业绩之间的负相关性。Panayiotis C. Andreou et al.（2013）以美国2008—2011年上市公司为研究样本，从全球经济危机的视角实证检验了高层管理者的管理能力与公司未来业绩之间的关系。实证结果认为，高层管理者的管理能力与公司的经营业绩之间呈显著正相关，即在危机期间，相较于管理能力低的高层管理者，管理能力高的高层管理者发行更多的债券募集资金以解决投资不足，从而产生了更多的收益；公司高层管理者管理能力与其信息不对称程度之间呈显著负相关，即管理能力高的高层管理者能明显减少公司信息的不对称性。Francis et al.（2013）运用美国1988—2009年间7001家公司42340个年度数据观察值实证检验了高层管理者高层管理者能力与公司避税之间的关系。实证结果认为，高层管理者管理能力与公司避税呈显著负相关关系，即相对于管理能力低的高层管理者，管理能力高的高层管理者采用更少的避税策略。他们解释说管理能力高的高层管理者把更多的精力用在了如何充分运用公司既有资源在正常生产经营活动中创造更多的价值而不是用在避税活动上。这从一定方面证实了高层管理者管理能力的价值所在。Cornaggia et al.（2014）实证检验了高层管理者能力、信用评价和债务成本之间的关系。实证结果表明，在控制公司的相关特征之后，高层管理者管理能力高的公司能得到更高的信用评级；高层管理者的管理能力与借债成本之间在1%的水平上呈显著负相关。

国内也有一些文献结合中国独特的市场背景对高层管理者管理能力的经济后果进行了研究。方强（2014）在分析IPO公司高管团队管理能力能否充当企业价值信号的基础上，构建了高层管理团队管理能力与IPO抑价之间关系的信号传递博弈模型。博弈结果发现：高管团队管理能力与企业价值之间呈显著正相关，即IPO公司的高层管理团队管理能力越强，公司对投资者的吸引力就越大，高层管理团队的管理能力本身能够传递一些公司价值信息，这些信息有利于降低公司与其外部投资者之间的信息不对称程度，从而降低公司IPO的抑价。张铁铸和沙曼（2014）以中国沪深主板2010—2012年上市公司为研究样本，实证研究了高层管理者权力、高层管理者管理能力对公司在职消费的影响。研究发现，无论非民营上市公司还是民营上市公司，高层管理者管理能力与在职消费之间均在 1% 的水平上呈显著的负相关关系，表明能力较强的经理人很少通过在职消费去攫取私人利益；高层管理者权力与高层管理者在职消费水平呈显著的正相关关系，表明随着权力的增长，高层管理者通过在职消费攫取私人利益的动机更强；综合来看，民营上市公司中高层管理者权力和高层管理者管理能力的综合效应与在职消费呈显著负相关关系，表明高层管理者的管理能力越强，越能约束其凭借权力增加在职消费的行为，而对于非民营上市公司来说，二者的综合效应与在职消费之间没有显著的相关关系。陈德球和步丹璐（2015）以中国沪深两市 A 股 2005—2012 年上市公司为研究样本，实证研究了高层管理者管理能力和高层管理者权力对公司内部薪酬差距的影响。研究结果表明，管理能力高的高层管理者既能增加公司员工薪酬又能提升公司高管薪酬，但增长的幅度并不一致，员工明显低于高层管理者，进而使得二者之间的薪酬差距进一步扩大；而公司高层管理者权力与公司员工的薪酬之间基本为负，而与公司高管薪酬之间为正，即随着高层管理者权力的增大，公司员工的薪酬降低，公司高管的薪酬却增加，进而也导致员工与高管之间的薪酬差距加大；无论那个角度看，高层管理者能力和高层管理者权力导致的员工与高管之间的薪酬差距分别具有锦标赛理论和行为理论特征，即由高层管理者管理能力形成的薪酬差距能激励公司高层管理者更有效的对公司进行经营管理，进而改善公司业绩，具有锦标赛理论的特征；而由高层管理者权力形成的薪酬差距反而使得公司内部薪酬分配不公平的问题更加严重，进而导致公司业绩降低，具有行为理论的特征。

## 2.2 关于盈余信息质量的文献综述

### 2.2.1 盈余信息质量的度量方法

盈余信息质量的计量从单一指标开始，时至今日，经过学者们的不断探索，形成了很多的计量方法。目前对公司盈余信息质量度量应用比较多的方法有基于财务指标的度量方法、基于市场的度量方法、应计项目分离法和基于应计项目与现金流匹配程度的度量方法等。

1. 基于财务指标的度量方法。该方法就是通过选用相应的财务指标作为衡量盈余信息质量的方法。具体分为单一指标评价法和综合评价法。显而易见，单一指标评价法就是选用一个与会计盈余相关的财务指标作为盈余信息质量的衡量标准的方法。而综合评价法就是运用科学的统计或计量方法，将多个反映盈余信息质量不同方面的单一指标形成一个综合性的指标的方法。用基于财务指标的评价方法对盈余信息质量进行计量相对比较简单，但指标都是基于以历史成本为基础的会计信息为基础形成的，评价难免有失偏颇。

2. 基于市场的度量方法。该方法就是公司以当期盈余变动情况为基础而对未来股票回报能力进行预测的方法。研究者一般使用盈余反应系数，即通过衡量某一公司股票的累积超额收益率相对其未预期盈余的反应程度来度量盈余信息质量。盈余反应系数的基本模型为：

$$CAR_{i,t} = \alpha + \beta \times UE_{i,t} + \varepsilon_{i,t} \qquad (2-6)$$

在模型 2－6 中，$CAR_{i,t}$表示公司 $i$ 在 $t$ 时期内的累积超额收益率；$UE_{i,t}$表示公司 $i$ 在 $t$ 时期末的未预期盈余；$\varepsilon_{i,t}$为残差项。随着中国资本市场的逐步完善与发展，公司会计盈余信息对利益相关者的决策愈发重要。利益相关者在评价盈余价值的相关性时会愈来愈重视对盈余反应系数的利用。但该方法在度量盈余信息质量时不仅存在噪音，无法排除经营风险、资本结构等其他因素对盈余反应系数的影响，而且其衡量的是一个样本的整体水平，无法针对某一特定公司特定年度的盈余信息质量进行衡量。

3. 应计项目分离法。该方法是基于权责发生制的核算基础，将总应计项目进一步细分为非操纵性应计项目和可操纵性应计项目两类，以可操纵性应计项目的大小度量盈余信息质量的高低的方法（Frankel，2002）。可操纵性应计项目的金额越小，则表示该公司盈余管理的程度越小，应计盈余信息质量越高，反之则反。应计项目分离法下计算可操纵性应计项目金额大小的方法很多，学者使用比较普遍的模型有希尔模型（The Healy Model）、琼斯模型（The Jones Model）、修正的琼斯模型（The Modified Jones Model）等。该方法的思路一般是先计算出可操控性应计项目金额，一般认为其与销售收入增加额和固定资产规模等因素有关，然后再倒推出可操纵性应计项目。琼斯模型是该方法比较常用的模型，具体的表述如下：

计算非可操纵性应计项目金额：

$$NDA_{i,t} = \beta_0(1/A_{i,t-1}) + \beta_1(\Delta Rev_{i,t}/A_{i,t-1}) + \beta_2(PPE_{i,t}/A_{i,t-1}) \tag{2-7}$$

模型 2－7 中，$NDA_{i,t}$为公司 $i$ 第 $t$ 期经过期末总资产调整后的非操纵性应计利润；$\Delta Rev_{i,t}$为公司 $i$ 第 $t$ 期的主营业务收入变化额；$PPE_{i,t}$为公司 $i$ 第 $t$ 期期末的固定资产净值；$A_{i,t-1}$为公司 $i$ 第 $t$ 期期初资产总额。$\beta_0$、

$\beta_1$、$\beta_2$ 为行业特征参数，其估计值是按不同行业分组的数据依据模型 2-8 进行回归取得：

$$TA_{i,t}=\hat{\beta}_0+(1/A_{i,t-1})+\hat{\beta}_1(\Delta Rev_{i,t}/A_{i,t-1})+\hat{\beta}_2(PPE_{i,t}/A_{i,t-1})+\varepsilon_{i,t} \tag{2-8}$$

模型 2-8 中，$TA_{i,t}$为公司 $i$ 第 $t$ 期的总应计利润；$\hat{\beta}$、$\hat{\beta}_1$、$\hat{\beta}_2$ 是 $\beta_0$、$\beta_1$、$\beta_2$ 的 OLS 估计值；$\varepsilon_{i,t}$为残差项，代表公司 $i$ 第 $t$ 期末可操控性应计利润金额的大小；其他变量的含义同模型 2-7。

修正琼斯模型是在琼斯模型基础上增加了应收账款的调整，而中国学者陆建桥（1999）又在修正琼斯模型基础上增加了无形资产和其他长期资产的调整。夏立军（2003）使用中国上市公司 2000 年度的财务报告数据，测试了常用的几种计算可操控性应计项目的方法，结果发现琼斯模型和修正的琼斯模型探查盈余管理的能力较好。

4. 基于应计项目与现金流匹配程度的度量方法。该方法即是 Dechow 和 Dichev（2002）提出的 DD 模型，即用应计利润和当期及前后期间实现现金流的匹配程度来度量公司的盈余信息质量。如果公司应计项目与其实现的现金流之间的匹配程度愈大，就表示公司的盈余信息质量愈高，反之则反。DD 模型如下表示：

$$\Delta WC_{i,t}=\alpha_0+\alpha_1 CFO_{i,t-1}+\alpha_2 CFO_{i,t}+\alpha_3 CFO_{i,t+1}+\varepsilon_{i,t} \tag{2-9}$$

模型 2-9 中，$\Delta WC_{i,t}$为公司 $i$ 第 $t$ 期营运资金的变动额；$CFO$ 为经营活动产生的现金流量；$\varepsilon$ 为残差项。McNichols（2002）将 DD 模型和琼斯模型相结合，在 DD 模型中加入销售额以修正现金流变量的度量误差，得到了修正的 DD 模型。会计实证研究文献中经常用 DD 模型或修正的 DD 模型来度量盈余信息的质量。例如，Rajgopal et al.（2008）在研究股票回报率与会计信息质量之间相关性时，就是用基于应计项目与现金流匹配的评价方法的 DD 模型估算的残差项作为会计信息质量的替代变量。

Chen et al.（2011）在研究新兴市场中民营企业会计信息质量与其投资效率时，Demerjian（2013）在研究高层管理者管理能力与盈余信息质量时，均采用修正的 DD 模型计算的残差项作为盈余信息质量的替代变量的。

近年来，随着法律法规的逐步完善，企业会计准则体系的日益完备以及监管监督机构监督力度的不断加强，高层管理者对盈余进行管理的手段和方式也在不断发生变化。高层管理者愈来愈多的采用真实盈余管理方式，这种方式虽然成本较应计盈余管理方式高，但风险相对更低（蔡春，2011）。真实盈余管理就是高层管理者通过操控经营、融资决策等活动的时间以使其偏离真实情况，从而达到改变报告盈余的目的经营活动。真实盈余管理程度的度量一般采用 Roychowdhury（2006）模型。Roychowdhury 模型主要是通过比较公司生产操控、销售操控和费用操控后的实际值与其在零阈值附近的理想值，以确定实际经济活动中有避亏动机的公司是否对其盈余进行真实管理。实际值与理想值之间的差额愈大，公司操控真实经济活动的程度就越严重，盈余信息的质量就越低。真实盈余管理显然是有经济后果的。Graham et al.（2005）实证检验结果表明，真实盈余管理行为与能显著降低公司未来的公司价值。

随着对公司盈余管理手段研究的不断深入，现有的文献发现，公司盈余管理呈现出综合化的趋势。公司盈余管理不仅仅采用固定的一种盈余管理方式，而是会经常综合应用多种盈余管理的方式。Zang（2007）研究表明在面临愈来愈严格的法律监管力度和诉讼风险增加时，为降低风险，公司会减少对应计盈余进行管理的应用，采用更多的真实盈余管理手段对盈余进行管理。Cohen et al.（2008）对 2002 年 SOX 法案的实施是否会影响美国上市公司对其盈余进行管理的方式做了实证研究。结果表明，SOX 法案的实施确实改变了上市公司对盈余进行管理的方式，使得上市公司对盈余进行管理的方式从采用较多管理应计盈余方式转向采用较多管理真实盈余方式。这表明，监管环境的变化能改变公司的会计政策选择。

### 2.2.2 盈余信息质量的影响因素

已有的文献研究表明股权结构、公司治理机制、高层管理者权利、高管特征、外部制度环境、政治关联等均会影响公司的盈余信息质量，本书仅就与论文有密切联系的方面进行综述。

1. 股权结构与盈余信息质量

Berle et al.（1932）基于高度分散的资本市场研究发现，高度分散的股东由于监督成本和收益的不对称性，普遍存在“搭便车”现象，从而对管理者无法形成有效的监督，使得公司的会计信息质量降低。然而高度分散的股权结构并不普遍，特别是东南亚及一些新兴市场国家，股权集中度较高是普遍存在的。Shleifer et al.（1986）研究认为控股股东具有对高层管理者监督的动力和条件，股权集中度越高，大股东对高层管理者的监督力量越大，高层管理者的决策也更趋向于股东财富最大化的目标，二者之间是显著正相关关系。Mock et al.（1988）的研究认为，大股东持股具有协同效应和壕沟效应。协同效应（Alignment Effect）是指公司大股东有动机和有能力在其持股比例增加时加强对高层管理者的控制，抑制其机会主义动机，能有效缓解公司的代理冲突，提高公司盈余信息含量，提升公司的价值。壕沟效应（Entrenchment Effect）是指随着股权集中度的进一步提高，大股东就有可能利用其控制权牟取私人收益，而损害中小股东的利益，降低公司价值的效应。控股股东为防止牟取私利的行为败露，就有动机对公司盈余进行管理，降低公司盈余的信息质量。Fan 和 Wong（2002）以东亚七个国家或地区的 977 家上市公司为样本实证研究了所有权结构与盈余信息含量的关系。研究发现，最终控制人两权分离程度越大，会计盈余信息含量越低，二者之间呈负相关的关系，支持了壕沟效应假说。而 Wang（2006）研究结果表明创始家族企业所有权越大，其企业能提供越高的盈余信息质量。

中国资本市场中上市公司的股权结构比较独特，学者对股权结构与盈余信息质量之间的关系进行了深入研究，成果比较丰硕。蔡宁和梁丽珍（2003）研究发现，增加股权集中度能提高财务舞弊的行为，而控股股东的性质并不明显影响财务舞弊的行为，即控股股东的控制降低了盈余信息质量，支持了壕沟效应假说。王昌锐和倪娟（2012）的研究也得出了相似的结论。王化成和佟岩（2006）以中国 1999—2002 年的上市公司为样本，从盈余反应系数角度实证研究发现，控股股东持股比例增加会降低公司的盈余信息质量，且控股股东为国有股时二者之间关系更显著，而股权制衡的提升能减弱二者之间的负相关性。

实证检验结果表明中国上市公司股权结构和盈余信息质量还存在其他关系。王兵（2008）的研究结果表明，大股东持股比例与公司的盈余信息质量呈倒 U 型的曲线关系；也就是说大股东持股比例较低和较高都会降低公司的盈余信息质量；分组后发现这种关系依然是稳健的。张正国（2010）的研究也得出了类似的结论。姜英兵和王清莹（2011）的实证研究结果表明大股东的持股比例和公司的真实活动盈余管理程度呈显著的 U 型曲线关系，第一大股东持股比例较小或较大都容易产生盈余管理行为，降低盈余信息质量。李增福（2013）的研究也得出了相似的结论。杨晋渝等（2013）的研究却得出了不同的结论，他们研究发现国有控股、股权集中公司的盈余信息质量显著高于股权分散的公司，即股权集中能有效抑制高层管理者的盈余管理行为。

对于控股股东通过控股权对公司的盈余信息质量影响的途径，众多学者研究结论不一。佟岩和程小可（2007）以中国 2001—2002 年沪深上市公司为研究样本，研究不同控股比例下不同的关联交易类型如何影响盈余信息质量。研究的结果表明，当控股股东持股比例较低时，掏空性关联交易能够明显降低公司的盈余信息质量，同时发生和支持性的关联交易虽与盈余信息质量负相关，但均不显著；而当控股股东持股比例较高时，掏空性关联交易依然降低盈余信息质量，同时发生和支持性的关联交易明显提高了公司的盈余信息质量。卢闯等（2010）则从盈余信息质量的预示作用角度进行研究。他们研究发现，盈余信息质量具有预警作用，能够传递控股股东是否在未来年度掏空程度的信号。预示作用的大小与控股股东的持股比例相关，当其持股比例低于50%时，盈余信息质量能明显预示控股股东的掏空行为，但这种预示随持股比例上升而不断减弱；当其持股比例高于50%时，不存在预示作用。该研究证实盈余信息质量在一定持股比例下有信号传递效应，为会计信息的有用性提供了新的证据。

从上述分析可以看出，目前世界范围内大股东控制现象在资本市场中普遍存在，但对大股东控股如何影响盈余信息质量的研究并未达成一致结论。

2. 高层管理者特征与盈余信息质量

高层管理者作为公司会计政策选择的决策者，无疑会对公司会计信息的质量产生比较大的影响，这方面的研究主要涉及高层管理者特征、高层管理者的薪酬等方面。

国外学者深入研究了高层管理者特征对公司的会计信息质量影响。Bertrand 和 Schoar（2003）为了证明高层管理者对公司决策的有效性，在1969—1999 年的30 年里，密切跟踪福布斯800 档案里的首席执行官、首席运营官和首席财务官等管理人员一系列决策。研究结果最终表明，高层管理者的决策确实对公司的战略决策、并购决策等有着切实的影响。

与此类似，Richardson（2004）通过对选取的 885 家公司进行抽样调查，在对抽样调查的数据进行分析后，他们发现高层管理者固定效应明显影响公司各项政策的制定和执行、公司的治理问题和财务披露制度和质量。

Aier et al.（2005）通过对 1997—2002 年的 456 家公司年度观察数据的研究发现具有专业知识的 CFO 与公司盈余重述之间呈显著的负相关，即公司 CFO 的专业知识越丰富，会计盈余的重述更少，提供的盈余信息质量更高。Francis et al.（2008）以商业报刊文章提及 CEO 的数量作为 CEO 的声誉的代理变量对 CEO 声誉与盈余信息质量的关系进行研究，研究发现 CEO 的声誉却与盈余信息的质量呈显著负相关。他们分析认为不是管理者的行为造成了公司较差的盈余信息质量，而是复杂多变的经营环境或公司具有的固有特点造成的。同样 DeJong 和 Ling（2010）和 Ge et al.（2011）检验了管理者的固定效应与公司的财务报告政策之间的关系，研究结果证明公司的会计和信息披露政策会随着管理者的固定效应变化而变化。

近几年关于高层管理者管理能力及其经济后果的文献逐渐兴起。Leverty 和 Grace（2005）以高层管理者有效利用公司拥有的资源的程度作为高层管理者管理能力的代理变量，研究结果表明，拥有卓越管理能力的高层管理者与公司身陷困境的时间呈显著负相关，另外，经营管理能力高的高层管理者能降低公司陷入困境的可能性和陷入困境后所花费的成本。Demerjian et al.（2013）以美国上市公司 1989—2009 年间 78423 个年度观测值为样本实证检验高层管理者管理能力与公司盈余信息质量之间的关系。他们以财务重述的次数、盈余的持续性、坏账准备的估计误差数和应计项目与现金流匹配度作为盈余信息质量的代理变量，以数据包络分析后进一步分离法的残差作为高层管理者管理能力的代理变量进行研究。实证结果表明高层管理者管理能力与盈余信息质量显著正相关，即公司的高层管理者管理能力越高，其报告的盈余信息质量越高。

国内研究方面，王建华（2008）以中国沪深A股2005—2007年上市公司为样本，实证检验了公司最高决策者特征和盈余信息质量之间的关系。实证结果表明上市公司董事长和总经理二职合一与盈余信息质量呈显著负相关，而他们在本公司领取薪酬对盈余信息质量的影响虽然为正，但并不显著。这一定程度上证明了高层管理者本身影响公司的盈余信息质量。与此类似，翁维玲（2010）以A股60家曾因会计违法违规受到处罚的上市公司为样本，实证检验高层管理者的特征与会计舞弊之间的关系。实证研究发现，董事长与总经理二职合一明显降低了公司的盈余信息质量，而高层管理者的薪酬水平能很显著地抑制公司的盈余管理水平，提高盈余信息的质量。

有的学者从高层管理者的背景特征角度进行研究。张会丽（2010）以沪深两市1998—2006年上市公司为研究样本，从盈余反应系数、盈余平滑度、盈余稳健性及持续性多个角度实证检验了女性高管与公司盈余信息质量的关系，研究结果表明中国上市公司中女性高管与公司盈余信息质量并不存在显著的相关关系。与此有所不同的是，王霞（2011）以沪深两市2001—2008年发生财务重述的非金融类上市公司作为研究样本，实证研究CFO的背景特征对会计信息质量的影响，研究结果表明具有财务专长的CFO和女性CFO能明显提高公司的会计信息质量，研究结论从一定程度上肯定了CFO的作用。谢志明等（2014）以沪深两市2009—2011年A股上市公司为样本研究管理者的年龄、性别、任期及教育背景等方面的异质性与盈余信息质量之间的关系，研究结果表明，管理者年龄与公司盈余信息质量呈显著正相关，管理者的教育背景、任期与公司盈余信息质量呈显著负相关，而性别与公司盈余信息质量之间的关系不显著。

还有学者从其他角度对高层管理者特征与盈余信息质量之间的关系进行了研究。张铁铸（2010）以沪深 A 股 2008 年 917 家上市公司为样本，实证检验高层管理者的风险特质是否会影响公司的会计政策选择和盈余信息质量。研究结果发现，高层管理者的风险偏好程度越大越对公司会计政策的选择产生影响；在控股股东控制董事会并主导高层管理者人员聘用的情况下，他们之间在会计选择方面会更具利益一致性；高层管理者越偏好风险，上市公司选择的会计政策越激进，进而使上市公司的盈余信息质量受损。黄永安等（2011）以中国沪深两市 2001—2005 年上市公司的 3880 个数据为样本，用实证检验了高层管理者效率与公司盈余信息质量之间的关系。实证结果表明高层管理者效率与盈余信息质量呈显著负相关，即高层管理者效率越高，越可能对盈余信息进行更多的管理，披露的公司盈余信息质量反而更差，这与国外成熟市场的实验结果相反。他们分析这可能是由于职业前景、薪酬合约和声誉等激励高层管理者披露较高盈余信息质量的因素在中国市场中作用十分有限造成的。

高层管理者特征确实能影响公司的盈余信息质量，这是现有文献得出的一个基本共识，但到底如何影响盈余信息质量，目前文献的结论并不一致。

3. 股东特质与盈余信息质量

（1）机构投资者持股与盈余信息质量。现有文献对机构投资者如何影响盈余信息质量始终存在争议。一种观点认为机构投资者的持股比例与公司盈余信息质量具有正相关关系，机构投资者能利用自身的专业背景优势监督公司的高层管理者，从而起到抑制公司高层管理者盈余管理的作用；而另一种观点则与之相反，认为机构投资者持股比例与公司盈余信息质量呈负相关关系，会加剧公司高层管理者的盈余管理行为。Defond et al.（1994）研究表明机构投资者与表征盈余信息质量的可操控性应计项目金额的绝对值呈显著负相关，表明机构投资者对公司起到了监督的作用，提高了公司的盈余信息质量。Rajgopal et al.（1999）的研究得出了类似的结论。而 Beasley（1996）的实证结果表明机构投资者持股比例并不能改善公司的盈余信息质量。Bushee（2001）研究发现机构投资者持股比例影响其与公司盈余信息质量的关系，持股比例较低的机构投资更关注公司的盈余信息，增加了公司机会主义盈余管理的倾向，而持有比例较高的机构投资者，对公司的监督动力更充足，可降低公司的盈余管理程度提高盈余信息的质量。Koh（2003）实证研究表明机构投资者的持股比例和动机影响其所投资公司对盈余管理程度。持股比例较少的机构投资者，如果其投资属于短期行为，他们可能因公司的业绩下滑就出售投资公司的股票，公司管理者为避免股票价格出现剧烈震荡，有可能管理盈余以使得业绩平滑，一定程度上加剧了管理者盈余管理动机，降低了公司的盈余信息质量；持股比例较高的机构投资者，其投资一般为长期行为，他们会加强对公司高层管理者的监督，一定程度上抑制了高层管理者的盈余管理行为，提高了公司的盈余信息质量。Cheng et al.（2009）的研究也得出了类似的结论。

中国的机构投资者发展时间较短，但学者随着其发展对其进行了比较深入的研究。平湖和李菁（2000）就曾揭露中国证券投资基金在发展初期具有严重的机会主义倾向，存在“输送利益”“倒仓”等行为。肖星和王琨（2005）也得出了类似的结论。这些研究表明在发展初期，机构投资者可能为了自己的利益对股价进行操纵，加剧了公司的盈余管理行为，降低了公司的盈余信息质量。

但是随着中国资本市场逐步完善相关法律制度，机构投资者的作用发生了改变。张晓晶（2005）发现中国机构投资者的投资模式正在发生改变，机构投资者愈发青睐价值投资和长期投资，在其投资组合中不断增加大盘蓝筹股配置的比重。薄仙慧和吴联生（2009）研究了机构投资者、国有控股以及两者交互作用对盈余管理程度的影响，研究结果发现机构投资者持股比例的增加仅负向影响非国有上市公司的正向盈余管理水平，而对公司负向盈余管理水平无明显影响。

近年来，国内学者的研究逐渐关注机构投资者对真实盈余管理的影响。孙刚（2012）实证研究发现，机构投资者的持有动机影响其持股比例与公司真实盈余管理幅度之间的关系；当机构投资者持股的动机主要为交易动机时，二者之间有较强的正相关关系，但机构投资者并未明显降低真实盈余管理发生的概率；当机构投资者持股的动机主要为监督动机时，其持股的比例与真实盈余管理程度和发生概率均呈显著的负相关关系。徐志坚等（2013）对利用随机抽取的 2008—2009 年深交所中小板上市公司研究了大股东控制及风险投资者能否显著降低公司在 IPO 前的盈余管理程度；结果表明，风险投资参与和大股东控制均会提高 IPO 公司的盈余管理水平。袁知柱等（2014）以中国上市公司 2003—2011 年数据为研究样本，实证检验了机构投资者持股是否影响真实盈余管理和应计盈余管理；研究结果发现，机构投资者持股比例的增加能降低公司真实盈余管理的程度，提高了公司应计盈余管理的程度；进一步分类后，发现这种相关关系在投资基金、保险公司、QFII、社保基金和证券公司 5 类机构投资者中均存在，但信托公司、银行持股、财务公司和企业年金对公司盈余管理行为的影响却不显著；按照终极控制人性质进行分组检验发现，相较于国有控股上市公司，机构投资者对非国有控股上市公司真实盈余管理抑制的作用更强。

（2）最终控制人与盈余信息质量。中国是一个新兴的资本市场，对中小股东的权益保护相对较弱，最终控制人的存在引发了新的代理问题，使得上市公司的盈余信息更为复杂。罗正英等（2007）研究表明不同最终控制人性质的上市公司所处的治理环境明显影响盈余管理的程度，而利用非货币性交易方式进行盈余管理的会计行为没有明显差异。高燕（2008）利用中国沪深两市 A 股 2004—2006 年的上市公司为样本对最终控制人与盈余信息质量的关系进行研究，研究结果表明，相较于国有控股公司，最终控制人为非国有时盈余管理的幅度更大，盈余信息质量更低；现金流权与控制权的分离程度与盈余管理的程度呈显著正相关。徐宗宇等（2012）对最终控制人性质和两权分离度对盈余管理的影响进行了检验，检验结果表明两权分离程度与线上项目盈余管理程度呈显著正相关关系，由于线上项目进行盈余管理的隐蔽性更强所以被最终控制人青睐；而当终极控制人为非国有时，其有更强的动机通过线上项目进行盈余管理。刘永泽等（2013）利用沪深 A 股 2010—2011 年的上市公司为样本对不同终极控制人性质下盈余管理程度及盈余管理不同计量方法之间的关系进行检验。研究结果发现，相较于非国家控股的上市公司，国家控制的上市公司在真实盈余管理总额、应计盈余管理和操控性经营现金流量上盈余管理的程度更低；进一步研究发现非国家控制的上市公司中两种盈余管理手段为替代关系，而国家控制的上市公司则存在互补关系。李延喜等（2014）利用中国沪深两市 2004—2011 年 700 家上市公司为研究样本，对外部治理环境与上市公司盈余管理的程度及终极控制人发挥的作用进行了检验，结果表明最终控制人为政府时，外部治理环境对上市公司的盈余管理行为比非政府时约束力更强；最终控制人为中央政府时，外部治理环境上市公司盈余管理行为比地方政府控制时发挥着更大的约束作用。

## 2.3 资本配置效率的文献综述

### 2.3.1 资本配置效率的度量方法

迄今为止，对资本配置效率的度量方法很多，本节仅就企业层面的资本配置效率的常用度量方法予以综述。

1. FHP（1984）的投资—现金流敏感度测试模型

投资—现金流敏感度测试模型是将公司的投资与其现金流的敏感度结合起来，认为公司的投资行为和效率受现金流敏感度的影响。Fazzari，Hubbard 和 Petersen（1988）以股利支付率作为融资约束的代理变量，研究融资约束下公司的投资关系时第一次将固定资产投资分解为自由现金流与公司投资机会的函数。该模型表示如下：

$$(I/K)_{i,t}=\beta_0+\beta_1(CF/K)_{i,t}+\beta_2 Opp_{i,t}+\varepsilon_{i,t} \qquad (2-10)$$

在模型2－10中，$K$ 是公司的资本存量；$(I/K)_{i,t}$表示 $i$ 公司第 $t$ 期经期初资本调整后的资本投资支出；$(CF/K)_{i,t}$表示 $i$ 公司第 $t$ 期经期初资本调整后的经营活动产生的净现金流；$Opp_{i,t}$表示 $i$ 公司第 $t$ 期面临的投资机会，一般常用 Tobin's Q 度量；$\beta_1$ 即为模型2－5投资—现金流敏感度的系数，反映公司受到的融资约束程度。

FHP 模型实证研究结果表明，股利支付率低的组 $\beta_1$ 值最大，而股利支付率高的组 $\beta_1$ 值最小，说明受融资约束大的公司，其投资对现金流的敏感度确实更高。其后的文献，Robert et al.（1998），George et al.（2011）以及 Francis et al.（2013）等分别从不同角度对 FHP 模型进行了运用。

2. Vogt（1994）的投资效率评价模型

Vogot（1994）在 FHP 模型的基础上，构建了现金流与公司投资机会的交叉项，以弥补 FHP 模型不能判断投资—现金流敏感度是源于投资过度还是投资不足的问题。该模型表示如下：

$$(I/K)_{i,t} = \beta_1 (CF/K)_{i,t} + \beta_2 (CF/K)_{i,t} \times Q_{i,t-1} + \beta_3 Q_{i,t-1} + \beta_4 (SALES/K)_{i,t} + \beta_5 (DCASH/K)_{i,t} + \mu_i + \tau_t + \varepsilon_{i,t} \quad (2-11)$$

在模型 2-11 中，$K$ 是公司的资本存量；$(I/K)_{i,t}$表示 $i$ 公司第 $t$ 期经期初资本调整后的资本投资支出；$(CF/K)_{i,t}$表示 $i$ 公司第 $t$ 期经期初资本调整后的经营活动产生的净现金流；Q 为 Tobin's Q，衡量公司面临的投资机会；控制变量 SALES/K 和 DCASH/K 分别为经期初资本调整后销售收入和现金股利；$\mu$ 为个体效应；$\tau$ 为时间效应；$\beta_1$ 即为投资—现金流敏感度的系数；$\beta_2$ 是现金流与公司投资机会的交互系数。

Vogot 认为，融资约束和代理问题都会引起公司投资对现金流的敏感性，但这两者与投资机会交叉项的系数会有所不同。当面临新的投资机会时，融资受到约束的公司，其投资对内部产生的现金流变动将更加敏感，而受代理问题影响的公司，由于新的投资机会降低公司持有的现金流，抑制公司高层管理者利用自由现金流进行牟取私利的程度，从而使得其投资对内部产生的现金流变动敏感性降低。简而言之，如果交互项系数符号为正，则表明公司受到融资约束问题更严重，存在投资不足；如果交互项系数符号为负，则表明公司受到代理问题更严重，存在投资过度。

由于该模型综合考虑了融资约束和代理问题，在实证研究中应用比较广泛。国外学者如 Szewczyk et al.（1996）、Cleary（1999）、Aggarwal 和 Zong（2006）均使用该模型进行相应的研究，国内学者如全林等（2004）、李维安和姜涛（2007）、张纯和吕伟（2009）等的研究中也使用过这个模型。该模型虽能根据交叉项的系数判断出投资不足和投资过度，但对其程度却不能较好的衡量。

3. Risberg（2006）的平均边际 q 与最优边际 q 差额模型

Risberg（2006）认为在完美无摩擦的市场条件下，为达到企业价值的最大化，企业应对所有 NPV≥0 的项目进行投资；NPV 为 0 是一个临界点，在此临界点，边际回报等于边际成本，此时可以得到边际的 q 值，公司边际 q 值和最优边际 q 值之间的差额可用来衡量公司的投资效率。平均边际 q 值可运用 Gugler et al.（2004）方法计算，最优边际 q 值可依据 Durnev et al.（2004）计算的资本预算决策中最优 q 值来衡量，则可用 $|\hat{q}' - q^*|$ 或 $(\hat{q}' - q^*)^2$ 表示公司投资效率。

边际 q 的推导过程为：

假设第 t 期初公司投资 $I_t$ 的净现值是：

$$NPV_t = \sum_{t=1}^{\infty} \frac{CF_t}{(1+i)^t} - I_t \qquad (2-12)$$

模型 2－12 中：$CF_t$ 为投资期产生的现金流量；$i$ 为资本成本；$I_t$ 为初始投资额。上式可变换为：

$$PV_t / I_t = \sum_{t=1}^{\infty} \frac{CF_t}{(1+i)^t} / I_t \qquad (2-13)$$

模型 2－13 中：$PV_t$ 为投资的现值；$\sum_{t=1}^{\infty} \frac{CF_t}{(1+i)^t} / I_t$ 为投资回报与资本成本的比值，即边际 q，用 $q'$ 表示。

$$q' = \frac{PV_t}{I_t} \Leftrightarrow PV_t = q' \cdot I_t \qquad (2-14)$$

在完美没有摩擦的市场条件下，$q'>1$ 意味着投资不足，$q'<1$ 意味着过度投资。

t 时期的市场价值 $M_t$ 可表示为：

$$M_t = M_{t-1} + PV_t - \theta M_{t-1} + \mu_t \tag{2-15}$$

模型 2-15 中：$\theta$ 为公司总资产的折旧率；$\mu_t$ 为市场对 $M_t$ 进行估价过程中产生的误差，在有效市场假说下，其满足均值为 0，方差不变的条件。

将带入 $PV_t = q' \cdot I$，可变换如下：

$$\frac{M_t - M_{t-1}}{M_{t-1}} = -\theta + q'\frac{I_t}{M_{t-1}} + \frac{\mu_t}{M_{t-1}} \tag{2-16}$$

假设 $\theta$、$q'$为常量，上式可表示为：

$$\frac{\Delta M_t}{M_{t-1}} = \alpha_0 + \alpha_1 \frac{I_t}{M_{t-1}} + \varepsilon_t \tag{2-17}$$

把各公司中的 $M_t$、$I_t$ 等相关变量值带入回归可得到 $\alpha_1$ 的估计值 $\hat{\alpha}_1$，即平均边际 q 的估计值（用 $\hat{q}'$ 表示）。而 $|\hat{q}' - q^*|$ 是平均边际 q 和最优边际 q 的离差的绝对值，可用来度量公司的投资效率。另外，根据 Durnev et al.（2004）也可用 $(\hat{q}' - q^*)^2$ 度量公司的投资效率。

4. Richardson（2006）的投资期望模型

Richardson（2006）建立了一个新的模型来度量公司的非效率投资，其模型的基本思路主要是：首先识别出影响公司投资效率的主要因素，然后利用识别出的影响公司投资效率的主要因素估算出公司预期的资本投资水平，用实际资本投资水平减去预期资本投资水平差，即回归模型的残差则为公司非效率投资的程度。残差大于 0 说明该公司出现了投资过度，反之残差小于 0 则说明出现了投资不足。该模型表示如下：

$$I_{i,t} = \alpha + \beta_1 V/P_{i,t-1} + \beta_2 Lev_{i,t-1} + \beta_3 Cash_{i,t-1} + \beta_4 Age_{i,t-1} + \beta_5 Size_{i,t-1} + \beta_6 \mathrm{Rets}_{i,t-1} + \beta_7 I_{i,t-1} + \sum Year + \sum Ind + \varepsilon_{i,t} \tag{2-18}$$

在模型2－18中，I为公司的新增资本投资额；V/P为投资机会的逆，一般用Tobin's Q的逆表示；Lev、Cash、Age、Size、Rets分表为公司的财务杠杆、现金存量、上市年龄的自然对数、资产规模的自然对数和年度股票回报率。

由于该模型能够直接预测每个公司的投资过度或投资不足的程度，并能基于非效率投资的数据对影响非效率的其他因素进行深入的分析，学者们在实证研究中应用非常广泛。国内不少学者，如辛清泉等（2007）、姜付秀等（2009）、陈运森和谢德仁（2011）、程新生等（2012）、张宗益和郑志丹（2012）、刘志远和靳光辉（2013）、潘前进和王君彩（2015）等分别运用该模型对公司的非效率投资问题进行了相应的研究。

5. Biddle et al.（2009）的期望投资偏离模型

Biddle et al.（2009）把投资看作是销售增长率（成长机会）的函数，运用实际投资偏离期望投资之间的差额作为衡量企业投资是否适度的标准。期望投资偏离模型分两步进行。第一步是用下面模型度量公司的预期投资水平。

$$INV_{i,t} = \beta_0 + \beta_1 Growth_{i,t-1} + \varepsilon_{i,t} \tag{2-19}$$

模型2－19中，为公司第期的实际投资总额；$Growth_{i,t-1}$为公司$i$第$t-1$期的营业收入增长率；$\varepsilon_{i,t}$即为公司$i$第$t$期偏离预期投资的金额。分行业按年对当期行业内观察公司数量不小于20的样本回归，然后对残差从小到大排序后等分为4组。把第1组定义为投资不足组，第4组定义为过度投资组，其他2组为正常投资组。

第二步，用 Multinomial - logit 回归模型进行估计相对于正常投资组而言，投资出现在投资不足或投资过度组的概率，概率值的大小用来衡量投资的效率。

6. Feng Chen et al. （2011） 分段线性回归模型

Feng Chen et al. （2011） 延续 Biddle et al. （2009） 的思路，认为投资是销售收入增长率（成长机会）的函数，不过他认为销售收入正向增长和负向增长应有所不同，提出了分阶段线性回归模型。模型具体如下：

$$INV_{i,t} = \beta_0 + \beta_1 Growth_{i,t-1} + \beta_3 NEG \times Growth_{i,t-1} + \varepsilon_{i,t} \quad (2-20)$$

模型 2 - 20 中，为虚拟变量，销售收入负向增长赋值为 1，其他赋值为 0；其他变量含义同公式 2 - 18。与 Biddle 不同的是，Feng Chen 把残差大于 0 的定义为过度投资组，把残差小于 0 的定义为投资不足组。

### 2.3.2 资本配置效率的影响因素

随着公司治理理论的发展，以及代理理论、信息不对称理论、信号传递理论等理论的广泛应用，公司的投融资理论也获得了长足发展。

1. 信息不对称与公司资本配置

Akerlof（1970）通过对旧车市场上“柠檬问题”的思考和研究后首次提出了信息不对称理论（Asymmetric Information Theory）。该理论是指契约的双方，一方拥有的信息另一方不知道，从而在信息拥有上占有优势的情况。由于信息的不对称、以及由此而可能导致的道德风险、逆向选择等问题。该理论的提出使得人们不得不重新思考许多传统新古典经济学的研究成果，推动了经济学理论重大的发展。学者们也深入研究了信息不对称对公司资本配置的问题，取得了比较丰硕的成果。如，Jaffee 和 Russel（1976）研究认为由于信息不对称，债务人有可能利用债权人的信息劣势逆向选择，导致一些绩优公司的债券价值被低估而造成公司投资不足。Myers 和 Majluf（1984）认为由于信息不对称的存在，外部投资者由于缺乏对公司真实信息的了解而低估绩优公司发行的股票，而绩优公司的管理者发现公司发行的股票没法在理想的价格发行时，有可能放弃发行新的股票。这样，即使该公司面临净现金流为正投资机会，也可能因不能筹到足够的资金而放弃该项投资。另一方面，由于信息的不对称，公司也难以从资本市场筹得足够债务的资金。这可从事前和事后两个角度进行分析。从事前看，当借债的利息率一定时，违约可能性更大的公司往往愿意借贷更多的贷款，从而对违约可能性小的公司产生挤出效应，即通常所说的"柠檬市场"效应，使得这类公司反而难以获得债务融资（Stiglitz 和 Weiss，1981）。从事后看，由于债权人对公司内部的真实信息难以真正了解，他们会认为借债越多的公司违约的可能性越大；并且公司债务越高，破产的风险就越大（Myers，1977）。因此新债权人愿意借债的前提往往是债务人能保证新债的偿还权优于旧债，但旧的债权人为了保障自己的利益肯定不愿意让新的债权人拥有优先的偿还权，甚至有可能不允许公司举借新的债务。如此，由于不对称信息的存在，当公司存在较高的财务杠杆时，往往很难通过举借新债筹得所需资金，从而面临较大的融资约束。

Fazzari et al.（1988）研究发现，融资约束越严重的公司，其"投资—现金流"的敏感度也就越大。后来的很多学者沿着 FHP 的研究思路，从不同的角度证实了融资约束程度和公司的"投资—现金流"敏感度之间的关系。如 Fazzari 和 Petersen（1993）以营运资本作为现金流的替代变量研究发现，面临融资约束的公司，其内生的营运资本与投资之间是负相关的关系。Degryse 和 Jong（2001）从集团关系的角度研究发现当公司存在信息不对称问题时，"投资—现金流"敏感度会导致投资不足。但也有学者对此提出质疑，Kaplan 和 Zingales（1997）以 FHP 样本中融资约束程度最严重的49家公司作为研究对象，实证结果却得出与FHP完全相反的结论，进一步研究发现融资约束和“投资—现金流”敏感度之间的关系并非是线性的。Cleary（1999）采用不同的指标度量融资约束程度，也得出类似的理论。关于融资约束程度和“投资—现金流”敏感度之间的关系至今没有定论。

国内也有不少文献也探讨了信息不对称与投资之间的关系。屈文洲等（2011）以市场微观结构理论中衡量信息不对称的指标PIN值作为度量公司融资约束的替变量，研究表明公司的投资支出水平与信息不对称程度成反向变化；信息不对称程度与“投资—现金流”敏感度成正向变化，但信息不对称导致的融资约束和“投资—现金流”敏感度之间的关系并不是线性的。葛永波等（2012）实证研究表明，中国上市公司“投资—现金流”敏感度从整体上主要是由信息不对称导致的融资约束引起的；信息不对称问题对小规模公司影响更大，使得其融资约束与投资不足问题更为严重。刘星等（2014）研究发现中国上市公司无论国有还是非国有均呈现出较高的“投资—现金流”敏感度，但在决策行为上的表现各不相同，国有上市公司整体上表现为投资过度，而非国有上市公司则呈现为投资不足。肖珉等（2014）基于不同产权安排的角度研究了信息不对称导致的投资—现金流问题，结果表明地方国有公司更易出现“现金流富余—过度投资”相关性，缓解信息不对称导致的道德风险有利于改善其投资效率；而非国有公司更易出现“现金流短缺—投资不足”相关性，缓解信息不对称导致的逆向选择有利于提高其投资效率。

2. 高层管理者特征与公司资本配置

早期的企业投资效率的影响因素研究都是假设人是同质的，即人与人之间的背景、性格、风险偏好和能力等都是一样的，不存在明显的差异，显然同质性的假定与现实并不相符。依据人口学理论、心理学理论及高层梯队理论，人尤其是高层管理者的背景特征差异无疑对公司的资本配置行为有着重要的影响（Hambrick 和 Mason，1984；Boone et al.，2004；Preston et al.，2006）。因此，从高层管理者的背景特征角度出发研究其与公司资本配置之间的关系逐渐引起了学者们的极大兴趣，逐渐成为近年来人们研究的重点问题之一。

高层管理者的背景特征主要包括高层管理者的年龄、学历、性别、能力、任期、工作经历、接受教育的专业等（Simsek et al.，2007）。关于年龄与公司资本配置之间的关系，Tylor（1975）的研究结果表明，高层管理者的年龄与公司的投资不足正相关；年长的管理者由于社会活动圈稳定，消费特征相对单一，可能会更着重职业安全与财务安全，他们一般更愿意维持现状，采取较保守的投资战略，往往使得公司的投资不足。关于学历与公司资本配置之间的关系，Tihanyi et al.（1994）研究认为，高管团队的平均学历水平与战略行动结果的可预见性显著正相关；当遭到竞争对手主动进攻时，学历水平高的团队比学历水平低的高管团队反应更迅速。Carpenter（2002）研究认为，高管团队专业背景的异质性便于各种专业的人士共同讨论，这有利于企业准确评估现有战略，产生和比较更大范围内可选择的战略。

国内的学者依据高管团队理论也对高层管理者的背景特征进行了较多的实证研究。姜付秀等（2009 研究认为，不论企业性质为国有企业还是非国有企业，董事长或高层管理者的教育水平及高层管理者的平均年龄均与企业的投资过度之间呈显著负相关关系，而其他高层管理者的特征与过度投资的关系均不显著。何韧等（2010）以世界银行对中国 1109 家样本企业的调查数据为基础，实证研究了中国非上市公司高层管理者背景与企业绩效之间的关系。实证结果表明，高层管理者的受教育水平与公司的绩效呈显著正相关关系，这种关系在高层管理者任期较长时表现更为显著；而高层管理者是否有海外教育背景、任职和选聘的背景与公司绩效没有显著关系。李焰等（2011）以中国沪深A股2004—2009年上市公司为研究样本，实证检验了不同企业性质下管理者背景特征与其所选择的投资行为效率之间的关系。经实证研究发现，国有企业管理者的任期、年龄与其投资规模之间有明显的负相关关系，与其投资效率之间也呈现显著的负相关关系；非国有企业管理者年龄与其投资规模显著负相关，但与其投资效率没有显著的相关性；而管理者具有财经类工作经历却能提高公司的投资规模并改善公司的投资效率。但他们没有发现管理者的教育专业、学历和性别与公司投资效率有显著的关系。唐洋等（2012）则实证研究表明高层管理者的受教育水平与公司的非效率投资行为呈显著的负相关关系，且国有控股公司的董事长受教育水平对非效率投资的抑制作用明显大于非国有控股公司的董事长。张兆国等（2013）从晋升激励的角度，以中国沪深A股2007—2011上市公司为研究样本，实证检验管理者背景特征、产权性质和过度投资之间的关系。实证研究结果发现，晋升激励能有效的抑制公司的过度投资，但在非国有公司的抑制作用好于国有公司；无论是国有公司还是非国有公司，管理者性别和晋升激励之间没有明显的相关性，且管理者的性别对晋升激励抑制过度投资的作用影响不大；相对于非国有公司，国有公司学历越高的高层管理者与晋升激励的正相关更强；而国有公司高学历加强晋升激励对过度投资的抑制作用相较于非国有公司弱；在国有公司中，管理者的年龄与晋升激励之间的关系呈倒U型，而晋升激励抑制过度投资的作用也随着管理者的年龄呈倒U型关系，但这种关系在非国有公司中不明显；任期的增加会增强高层管理者对晋升激励的敏感度，也会增强晋升激励抑制公司过度投资的作用，但这种关系在非国有公司表现比国有公司更加明显。

张建勇等（2014）则从媒体报道的角度考察高层管理者与投资效率之间的关系，他们以中国 A 股 2006—2011 年主流媒体对上市公司的报道的经验数据为基础，实证研究了媒体的报道是否影响公司的投资效率，并对相应的作用渠道进行了分析。实证研究结果表明，媒体报道的总数量及媒体正面报道的数量明显加剧了公司的过度投资，抑制了公司的投资不足；而媒体负面报道的数量却对公司的投资行为没有明显影响；通过进一步分析，他们认为当媒体报道数量尤其是正面报道数量越多时，有可能会导致高层管理者过度自信，提高公司的投资水平，产生过度投资行为或降低投资不足的程度，也有可能会使投资者投资情绪高涨引起公司的价值被高估，缓解公司的融资约束。

3. 盈余信息质量与公司资本配置

盈余信息作为公司对外披露的重要信息，对投资者和公司高层管理者的投资行为具有重要影响。从理论分析来看，公司盈余信息质量的提高将从以下几个方面对投资效率产生影响：首先，高质量的盈余信息有助于降低高层管理者与投资者之间的信息不对称性，缓解公司投资受到的融资约束，降低因此导致的投资不足，提高公司的投资效率；其次，高质量的盈余信息有助于减少与投资有关的代理问题，规范公司的项目选择，规范高层管理者为追求私利导致的过度投资行为，提高公司投资效率；最后高质量的盈余信息有助于增强高层管理者识别面临的投资机会和估计投资风险的能力，对投资项目进行更合理选择，防止和减少盲目投资，提高公司投资效率。

国内外已有的研究表明，盈余信息质量的提高有助于提高公司的资本配置效率。Kanodia 和 Lee（1998）研究发现高层管理者对投资项目的选择情况能通过盈余信息的披露传导到资本市场，从而降低公司与投资者的信息不对称程度，降低融资约束和筹资的成本，提高资本配置的效率；Chen（2005）研究发现在其他条件不变的情况下，会计信息质量的提高能使未来盈余与公司投资之间的关系更加敏感，表明公司会计信息能提供一定的增量信息，改善信息的不对称程度，影响公司的股价。Verdi（2006）以1980—2003年美国上市公司为对象，研究表明盈余信息质量的提高能降低由代理冲突和逆向选择引发的信息不对称性，从而抑制公司的过度投资，改善公司的投资不足，提高资本配置的效率。Biddle et al.（2009）对财务报告质量影响投资效率的传导机制进行了拓展性研究，发现在低财务杠杆和资金充足的公司里，财务报告质量与过度投资负相关，而在高财务杠杆和资金短缺的公司里，财务报告质量却与过度投资正相关。Chen et al.（2011）以2002—2005年对21个新兴市场国家的6727个私营公司数据为样本，研究发现财务报告质量与投资效率正相关，二者之间的正相关性在银行主导型金融系统中更强，而在减少收入税为目的的系统中减弱。

中国学者也从不同视角研究会计信息质量与公司投资之间的关系。张劲松和季秀杰（2004）分析认为会计信息质量能影响公司投资项目的选择和投资规模的确定，进而影响投资效率。李青原（2009）研究表明，会计信息质量能抑制公司过度投资行为和改善公司投资不足现象。黄欣然（2011）研究发现盈余信息质量能通过降低高层管理者代理成本而使公司的投资不足得到有效抑制，能通过缓解大股东的代理问题而使公司的过度投资降低。郭琦和罗斌元（2013）研究表明受融资约束公司的会计信息质量提高时，公司的投资效率也会有所提高，但作用有限，且这种改善作用会随着会计信息质量的提高而不断减小。罗斌元（2014）研究发现提高会计信息质量即能缓解投资不足，又能抑制过度投资，且融资约束和代理问题越严重，这种作用就越明显。

## 2.4 文献述评

从上述有关盈余信息质量及资本配置效率的文献综述看，近年来国内外学者对盈余信息质量及资本配置效率的影响因素及相互之间的关系进行了大量的研究，取得十分丰硕的研究成果。但是，国内外学者至今对这两个问题影响因素的研究，也存在着一些不足之处。

1. 目前对盈余信息质量和资本配置效率影响因素的研究中，很少有学者从高层管理者管理能力的角度研究其对二者的影响。在两权分离为基础的现代公司中，高层管理者作为公司最宝贵的人力资源，对公司战略制定、长远的发展等都具有决定性的作用，也是公司治理机制发挥作用的一个非常重要的影响因素。国内外学者对之展开了广泛的研究，但现有的研究大都是假设高层管理者是同质无差异或完全经济人的条件下，从人力资源管理、高层管理者私利等角度开展的；也有少量研究是以高层梯队理论为基础，从高层管理者的某些具体特征着手研究高层管理者与公司经营业绩、会计信息质量、公司投资效率等经济后果的。现实是高层管理者是有差异和非完全理性的，不同的高层管理者运用既定资源创造产出的能力有很大的不同，面对同样的投资机会不同的高层管理者会有不同的判断，做出完全不同的选择。无疑，高层管理者作为现代公司的一个重要组成部分——受托经营管理者，对公司的盈余信息质量和资本配置效率肯定会有一定的影响，但不同管理能力的高层管理者到底会对公司的盈余信息质量和资本配置效率产生什么样的影响在目前的文献中涉及较少。这是一个值得深入研究的问题。而 Demerjian et al.（2012）提出的一种对高层管理者运用公司既定资源创造产出的能力比较准确的衡量方法为这个问题的研究提供了一个契机。

2. 现有研究并没有从高层管理者的角度对盈余信息质量在减缓代理冲突和减少信息不对称的过程所起的作用进行研究。现有文献对盈余信息质量对公司资本配置效率的治理效应的研究比较丰富，也得出了比较一致的结论。但是，高层管理者是公司盈余信息质量高低一个非常重要的影响因素，其是否会影响盈余信息质量对公司资本配置效率治理作用的发挥，是一个值得研究的问题。

3. 以往的研究大多是单独从公司治理角度研究公司内外部的治理要素对公司资本配置行为的影响，鲜有学者将内外部的治理要素分别与高层管理者管理能力和盈余信息质量、资本配置效率结合起来，研究公司治理机制对高层管理者管理能力与盈余信息质量、资本配置效率之间关系的作用机理。而不同的公司机制对高层管理者管理能力与盈余信息质量及资本配置效率的影响方向和程度也不同，因此有必要研究公司治理机制下它们之间关系的变化。

4. 现实中，中国上市公司既存在过度投资行为又存在投资不足现象，但现有文献对资本配置效率行为的研究大多数是从过度投资的角度着手，而对投资不足行为的研究相对较少。但是目前中国上市公司投资不足的现象也非常严重，因此很有必要对其进行研究。

结合中国独特的资本市场特征，从最终控制人性质和高层管理者的异质性角度对上市公司高层管理者管理能力影响盈余信息质量及资本配置效率的途径、方向及程度进行了比较深入的研究，并进一步考察第一大股东持股比例、股权制衡度、产品市场竞争度和机构投资者持股等公司内外部治理机制对它们之间关系的影响，现有的文献很少对此进行过深入的研究。

# 第3章

# 理论基础与制度背景

## 3.1 理论基础

### 3.1.1 委托代理理论

委托代理理论（Agency Theory）是20世纪60年代末和20世纪70年代初，很多经济学家由于质疑新古典经济学体系中的企业“黑箱”理论，不断深入研究公司内部信息不对称及激励问题的过程中逐步发展起来的。委托代理理论是Coase企业契约理论重要的拓展之一，是现代公司理论的重要组成部分，也是研究公司治理问题的重要理论基础。委托代理理论认为，企业并不是一个单一的经济主体，而是由股东、经营管理者、客户、债权人等不同利益关系主体共同缔造的一组契约的联结。在现实世界中，委托人和代理人之间的目标函数往往并不完全一致，代理人有可能为了实现自己目标函数最大化，利用自己拥有的信息优势损害委托人的利益，产生道德风险或逆向选择行为。现实世界中存在的契约非完备性和信息的不对称性等市场缺陷是产生道德风险或逆向选择的前提，研究表明有效的监督激励机制是降低代理人道德风险或逆向选择行为的重要途径。委托代理理论研究的核心是在不同利益主体之间存在利益冲突和信息不对称的情况下，委托人为保障自己的利益，应设计什么样的最优契约才能约束和激励代理人的行为，并使企业的代理成本最小。代理成本是指委托人为激励代理人采取使其目标函数最大化的行为而付出的代价，包括委托人的监督成本、代理人的担保成本和剩余损失。

委托代理理论研究的内容是公司不同利益主体之间的代理冲突，这些代理冲突主要有股东与管理者、股东与债权人以及控股股东与中小股东之间的冲突。现代公司的基本特征是所有权和经营权的分离，在股权较为分散的资本市场中，高层管理者有可能利用自己的信息优势最大化自身利益而牺牲股东利益而引发了股东和高层管理者之间的代理冲突。在股权较为集中的资本市场中，控股股东有可能为了攫取更多的控制权私有收益而侵占债权人的利益引发了股东和债权人之间的代理冲突。由于所有权和控制权的分离，控股股东虽然不拥有上市公司的全部所有权，但却掌握了公司的控制权，可以利用其控制权操纵上市公司，通过侵占公司或中小股东的利益来获取超额的私有收益，引发了控股股东与中小股东之间的代理冲突。

1. 股东和管理者间的代理冲突

在股权高度分散的资本市场中，公司治理研究的核心主要集中于所有权和控制权分离而导致的股东与管理者之间的代理冲突。由于高度分散的股东要对高层管理者进行监督要独自承担监督的成本，而监督带来的收益却由全体股东共同享有，所以股东普遍具有“搭便车”行为，无法有效的监督管理者，使公司的控制权实际由高层管理者掌握。而高层管理者与股东所追求的目标函数往往并不完全一致。高层管理者往往由于持股比例较小或者不持股而拥有较少的甚至不拥有剩余索取权，但却拥有公司的控制权，其所追求的往往是在职消费、声誉和社会地位等各种货币和非货币性薪酬，而股东作为公司资本的投入者，更为关注的是资本是否能保值和增值，公司的价值是否实现了最大化等。由于契约的非完全性，高层管理者有可能为了自身效用的最大化而利用拥有的信息优势和在经营管理中的决策权，将公司的自由现金投资于使其个人利益最大而非公司或股东价值最大甚至净现值为负的项目，造成公司的过度投资；也有可能基于职业安全及声誉的考虑，选择守成策略或短期机会主义行为，导致公司的投资不足（Jensen，1986）。这些都会降低公司的资本配置效率。

2. 股东和债权人间的代理冲突

当公司自有的资金无法满足投资需求时，公司有可能以负债形式筹集资金。公司通过负债融通资金就形成了基于债务契约的股东（管理者）与债权人之间的委托代理关系。股东（管理者）和债权人之间在目标函数上并不一致，股东和管理者希望充分利用借入资金以获取最大的投资收益，在投资项目的选择上会偏好投资风险较大、收益高的投资项目；而债权人更关注的是能否保证借出资金的安全和及时获得稳定的利息，会倾向于投资风险小、不确定性低的投资项目。同样由于债务契约不可能是完备的和信息存在不对称性，债权人无法对股东（管理者）采取的投资策略进行完全有效的监督。况且一旦资金进入负债公司，股东（管理者）便掌握了资金的控制权，有可能为了自己的利益最大化放弃债务契约中约定的较低风险的投资项目，转而将资金投到不确定性较大或风险较高但收益较高的项目中去，形成了负债融资的资产替代行为；或者有可能在公司处于财务危机时放弃能提高公司价值的潜在投资项目并转移公司资本，损害债权人的利益。然而，理性的债权人会在债务契约签订前预计到股东可能的行为，他们会在信贷配给时增加一些限制性条款或直接提高贷款的利率。负债融资成本的提升可能使得股东（管理者）融通资金的能力受到限制，从而放弃投资一些净现值为正的项目，引起公司的投资不足，降低公司的资本配置效率。

3. 大小股东间的代理冲突

委托代理冲突除了上述股东与高层管理者和股东与债权人两类冲突外，在股权较为集中的资本市场中，还存在着控股股东和中小股东之间的代理冲突。传统委托代理理论的研究大都基于高度分散的资本市场为基础进行的，但在20世纪70年代以后的研究发现大股东控制现象在美英之外法律保护程度较低的国家广泛存在（Shleifer和Vishny，1986；Morck et al.，1988；Claessens et al.，2002等）。在股权集中的上市公司中，控股股东由于持有公司股份的比例较大，为了保障自身利益，他们有足够的动机和能力激励监督公司高层管理者，从而在一定程度上缓解股东与管理者之间的冲突；但是控股股东与中小股东之间的利益目标往往并不完全一致，控股股东能够通过与管理者合谋或利用自己的控制权命令管理者为攫取私有收益而损害中小股东的利益。对控股股东来说，控制权私有收益完全由自己独享，而利益侵占的成本仅按比例分担。因此，在投资者法律保护较弱的资本市场中，控股股东有动机利用手中的控制权，通过诸如直接占用公司资金、关联交易和资产转移等“隧道策略”牟取私有收益，导致公司投资的非效率，降低公司的资本配置效率。

### 3.1.2 信息不对称理论

Akerlof（1970）通过对旧车市场上“柠檬问题”的思考和研究后首次提出了信息不对称理论（Asymmetric Information Theory）。此后，这一理论广泛应用于微观经济学的很多领域。信息不对称是指参与市场经济活动的不同主体所拥有信息的数量和质量存在一定的差异，某些参与者掌握了另一些参与者没有掌握的信息，这往往会导致掌握相对充分信息的参与者凭借拥有的信息优势实施能最大化自身利益而有可能损害其他方参与者利益的行为。通常，对信息不对称按照其发生时间是在契约签订之前或者之后进行分类。将研究发生在当事人签订契约之前（ex ante）的信息不对称博弈模型称为“逆向选择”，而将研究发生在当事人签订契约之后（ex post）的信息不对称博弈模型称为“道德风险”。

在委托代理框架下，逆向选择指的是在两权分离形成的委托代理关系中，代理人拥有有关自己能力或未来行动的私人信息，由于存在信息不对称，委托人却无法准确了解这些信息。在双方签订契约之前，代理人有可能会凭借自身拥有的信息优势诱使委托人达成能提高自己利益，但却对委托人利益有损害的契约，委托人基于代理人的此种行为会提前做出相应的契约安排，这有可能导致不利契约定价过高或有利契约定价过低的情况。委托人和代理人重复博弈的结果会降低资源的配置效率。在双方签订契约之后，由于信息的不对称，代理人有可能选择偷懒、在职消费或者对负债融资的资金进行资产替代等行为，这些均会损害委托人的利益，产生道德风险问题。无论是出于对代理人逆向选择风险或道德风险的考虑，委托人都有可能要求代理人提供更多的信息，或者进行更多的监督，甚至直接签订新的契约等措施，这些均有可能会导致对优质公司价值的低估或对劣质公司价值的高估，引起公司产生投资不足或过度投资行为，降低资本配置的效率。

实际上，信息不对称现象不仅在公司负债融资市场存在，在股权融资市场同样存在。Myers 和 Majluf（1984）对股权融资市场中信息不对称现象对公司投资行为的影响进行了开拓性研究。他们研究表明当公司以股权融资方式从资本市场中筹集其投资所需资金时，由于信息不对称的存在，逆向选择风险同样会在新老股东之间出现。在资本市场中，公司内部股东与管理者比外部投资者掌握更多公司财务状况、经营成果及投资项目预期收益的相关信息，而外部投资者对公司信息了解的主要来源是公司对外报出财务会计报告。财务报告能提供有关公司的财务状况、经营成果以及现金流量等相关的信息，但这些信息都是公司内部股东和高层管理者加工之后的信息，况且这些大都是基于公司过去的业务形成的。外部投资者无法及时了解掌握有关公司真实情况及未来预期的信息，只能依据内部人提供的“二手信息”和其他途径掌握的一些有限信息，对公司要投资的项目进行评估。显然，外部投资者对投资项目或公司市场价值评估所依据的“二手信息”主要是由内部股东或其控制下的管理者提供的，这在一定程度上会加剧内部股东与外部投资者间的信息不对称程度。信息不对称程度的加剧有可能会使外部投资者低估部分优质公司的价值，价值的低估会使得这些公司无法从资本市场上筹集到公司投资所需的资金，从而放弃 NPV >0 的投资项目，导致投资不足；也可能是外部投资者高估部分劣质企业的价值，价值的高估会使得这些公司很容易从资本市场上筹集到足够的资金流，从而投资于 NPV <0 的投资项目，导致投资过度。这些均会降低资本配置的效率。

### 3.1.3 信号传递理论

所谓信号传递是指，由于委托人和代理人之间存在着信息的不对称，代理人拥有委托人没有掌握的私人信息，代理人为了使自己或者投资项目等能够被委托人所识别，就会选择通过释放一些信号来缓解信息不对称程度，以使双方完成契约的签订。Spence（1973）在研究教育的信号作用时首次提出了信号传递模型，他的基本观点是：工人之所以接受教育很可能是因为受教育本身能够提高劳动生产率，但即使教育本身不能提高工人的劳动生产率，接受教育具有价值，因为教育本身具有信号传递的作用，从而使受教育的工人能在劳动力市场上显示出与他人的不同。信号传递模型实质上是一个动态不完全信息博弈模型，在这个博弈模型中，有信息发布者与信息接收者两个参与人，信息发布者拥有一些私人信息，而这些私人信息接收者并没有掌握，但这些信息是有价值的，关系到参与人的效用或者支付。

信号传递理论创立以后，广泛应用于财务学、社会制度学和产业组织学等领域。公司选择的融资结构本身具有信号传递的作用，高负债融资的公司会向投资者传递公司拥有优质投资项目的信息（Ross，1977）。对于公司将要进行的投资项目，如果企业家自己进行投资或者增加投资就会向贷方市场传递一定的信号，而债权人就可能依据企业家自身的投资比例初步评估该项目的价值（Leland 和 Pyle，1977）。而公司现金股利的发放很可能被潜在的投资者视为公司未来盈利的一种信号（Bhattacharya，1979）

盈余信息具有信号传递作用，可以缓解公司内外部之间的信息不对称程度，降低委托代理的成本，提升公司的价值。根据信号传递原理，某项信息没有被公司及时披露时，往往会被投资者视为坏消息，因此，为避免被市场误解，管理能力高的公司管理者往往会及时披露公司相关信息。盈余信息作为一个信号传递机制，能够在债务契约签订之前向债权人传递有关公司风险的私有信息，通过缓解债务市场的信息不对称程度而使借贷双方都受益。在两权分离为基础的现代公司中，高层管理者负责公司日常的运营管理，相对于股东、债权人、客户等其他信息使用者而言，对公司的情况更为了解，充分掌握有关公司的相关信息。而公司信息的其他使用者由于无法直接参与公司日常运营管理，以及受制于成本效率原则等其他因素的制约，他们获取信息的主要来源就是高层管理者“二次加工”后的财务会计报告。而在财务报告信息生成的过程中，高层管理者要经常依据自己对宏观环境、行业及公司未来发展的预判来处理公司业务面临的不确定性，选择能反映公司真实财务状况相匹配的报告方法，适当的估计各项减值准备和预计使用年限等。再加上中国会计准则逐步由规则导向型向原则导向型的转变，高层管理者运用主观判断来选择某些会计政策和会计估计的空间也越来越大，这为高层管理者影响会计盈余信息的可能性提供了较大便利。如果公司高层管理者能对公司面临的不确定性进行比较准确的预判，并选择适合的会计政策和会计估计，就会提供较高质量的会计盈余信息，根据信号传递理论，这将有利于公司信息的其他使用者做出正确的投资策略，提高资本配置的效率；如果高层管理者对公司面临的不确定性预判不准确，或者故意选择不适合公司实际情况的会计政策和会计估计，就会使得提供的会计信息质量降低，误导利益相关者做出错误的判断，降低资本配置的效率。

## 3.2 中国投资制度背景

公司投资作为资源配置的重要组成部分，不仅与公司自身的资金投向有关，更受公司产权性质及其所在的外在经济体制制度的影响。因此，要理解公司的投资行为，就必须深刻的了解中国投资制度的相关背景及发展历程。以改革开放为分界线，中国的投资体制制度可划分为两个阶段。

1. 传统投资体制阶段（1949—1978 年）

新中国成立至改革开放前这一段时期，为适应形势的需要，中国执行高度集中的计划经济体制，与此相对应的是公司投资在这一阶段也具有浓厚的计划经济色彩。典型的特点是公司没有任何自主决策权，所有投资均根据国家的统一计划实行。在此期间，不管是事关国计民生的重大新建项目，还是公司本身的改扩建，都由国家进行统一计划，企业只是计划的执行和实施者，没有关于投资的任何自主决策权。作为特定历史阶段的投资体制，投资的统一规划，高度集权有利于迅速地集中和筹措当时十分有限的资金用于战后重建，有利于集中力量完成事关国计民生的重大新建项目，为新中国成立后就能在较短时期内迅速地建立起比较完整的工业体系发挥了至关重要的作用。但是随中国经济的不断发展，这种高度集中的投资体制由于未能及时变革而逐渐成为制约和阻碍生产力的发展僵化模式。

传统投资体制时期，企业投资行为的主要特征有：企业对资本投资没有任何自主决策权，而完全是政府的附属物；企业投资的资金来源单一，主要是政府拨款的财政性资金为主，由行政体制分割资源的分配和使用；指令性计划是政府对投资资本管理的主要手段、行政立项审批是政府对投资项目管理的直接方式；资本投资缺乏与“责、权、利”相对应的投资约束和激励机制。

这种投资体制导致的主要后果是：企业投资效益低下，缺乏活力；由于资本投资的无偿性和没有与“责、权、利”相对应的投资约束和考核机制，企业普遍存在“投资饥饿症”；这种高度集中的投资方式到后期已经显然不适应社会化大生产和商品经济的要求。

2. 投资体制改革阶段（1979 年—至今）

1978 年改革开放以后，中国经济管理体制逐步由传统的计划经济体制向市场经济体制转变。相应地，中国的投资体制也由行政主导机制逐步向市场主导机制进行转变，逐步形成了投资主体多元化、投资方式多元化、项目建设市场化和资金来源多渠道化的投资体制。总结起来，这一过程大体包含以下几个时期。

（1）改革探索时期（1978—1987 年）。这一时期改革的目标是如何提高政府投资建设效益和调整审批权限。实施的主要改革措施如表3－1所示。

表 3-1 改革探索时期的主要改革措施

| 时间 | 改革的措施 |
| --- | --- |
| 1979 年 4 月 | 国家建委明确提出要在基本建设中实施合同制 |
| 1979 年 8 月 | 国务院批准执行《基本建设贷款试行条例》和《关于基本建设投资试行贷款办法的报告》 |
| 1980 年 4 月 | 提出实行利润留成制度，试行“拨改贷”制度 |
| 1981 年 12 月 | 在国营企业推行经济责任制 |
| 1982 年 10 月 | 国家计委等颁布《关于试行国内合资建设暂行办法》 |
| 1984 年 9 月 | 国务院颁布《关于改革建筑业和基本建设管理体制的若干问题的暂行规定》 |
| 1984 年 10 月 | 国务院颁布《关于改革计划体制的若干暂行规定》 |
| 1987 年 3 月 | 国务院进一步简化审批手续，放宽对固定资产投资 |

这一时期改革的手段主要有：在基本建设中逐步推行合同制，探索用经济方法管理经济；逐步扩大国营施工企业的经营管理权，对其创造的利润实行留成制度，提高公司投资管理的积极性；政府对资本投资实施“拨改贷”制度，提高政府投资的效益；进行分权化改革，逐步建立与“责、权、利”相对应的投资约束和激励机制；放宽和调整固定资产投资与部分行业建设项目的审批权限，简化审批手续，扩大地方政府的投资决策权。

显然，这一时期的改革主要围绕着固定资产投资管理方面进行，具体包括多渠道筹集和有偿使用资金、项目审批手续简化和审批权限放宽、承包责任制实行和项目招投标实施等进行，也取得了一定成效。但该阶段改革从总体上讲主要是针对局部的、基层的、某些具体制度的改革，对增强市场机制功能的改革措施非常少，基本上没有触及传统投资体制的实质性和根本性的弊端。

（2）改革扩大时期（1988—1991 年）。随着中国经济体制改革的不断深入，传统投资体制中一些实质性的问题日益突出，如调控体系不健全、重复建设和过度投资严重等问题。为消除投资体制改革中面临的一些弊端，国务院 1988 年颁布《关于投资体制的近期改革方案》。该方案要求对投资活动的改革应按有计划商品经济的要求进行，要有机的把计划和市场结合起来，逐步建立新的宏观调控机制。具体改革要求主要有：扩大企业的投资决策权，一般性的建设投资项目要放给市场或企业来决定，使企业成为一般性的投资主体；对重大的长期性投资项目实行分层次管理，加大地方的重点建设责任；成立专门的投资公司，对投资用经济方法进行管理；加大简政放权力度，改进投资计划管理体制；实行招投标制度，充分发挥市场运作机制和竞争机制的重要作用。

显然，这一时期的改革措施对原则性的规定及相应的实施措施都规定的更为详细，涉及到一些传统投资体制中的根本性问题。因此，在改进企业投资计划管理办法、强化企业投资主体的自我约束机制和扩大企业投资决策权方面，提出了一些原则性的改革构想。但该时期中国国有企业仍占绝对主导，而非国有企业数量较少，所以很多措施并未有效执行。

（3）改革深化时期（1992—2003 年）。邓小平同志 1992 年的南方谈话明显加快了中国经济体制市场化改革的步伐，相应的，投资体制的改革也更加活跃，政府制定了很多改革措施。主要改革措施如表 3 - 2 所示。

表 3－2 改革深化时期的主要改革措施

| 时间 | 改革的措施 |
|---|---|
| 1992 年 9 月 | 国务院颁布《全民所有制工业企业转换经营机制条例》 |
| 1993 年 11 月 | 十四届三中全会通过《关于建设社会主义市场经济体制若干问题的决定》 |
| 1993 年 12 月 | 全国人大常委会通过《公司法》 |
| 1994 年 7 月 | 国务院颁布《国有企业财产监督管理条例》 |
| 2000 年 1 月 | 实施《中华人民共和国招投标法》 |
| 2001 年 12 月 | 国家计委发布《促进和引导民间投资若干意见》 |
| 2003 年 10 月 | 十六届三中全会通过《中共中央关于完善社会主义市场经济体制若干问题决定》 |
| 2003 年 12 月 | 国务院通过《深化投资体制改革方案》 |

这一时期改革的方向主要有：扩大公司经营权范围，细化了国有企业应有的经营自主权；确立了在投资领域要发挥市场对资本配置的基础性作用；对投资项目进行分类，明确各类项目投资的主体；确立了投资者的股权和公司的法人财产权；确立了国有企业改革的目标是建立“产权明晰、权责明确、政企分开、管理科学”的现代企业制度；明确企业拥有依法自主经营和依法处分其经营管理的财产权利；改革行政审批制度，逐步调整和取消相关行政审批项目，打破政府主导的公司投资模式；明确公司投资的主体地位，实行谁投资、谁决策、谁受益、谁承担风险。

这一时期的改革措施使得中国国有企业开始拥有法人财产权，逐步成为市场竞争的主体和较强独立性的法人实体，而非国有产权性质的企业在数量和规模上都有了快速的增长。但由于新旧体制互相交替，投资领域在实践层面上仍然存在许多突出的矛盾和问题。这些矛盾和问题抑制了公司资本投资效率的提高，降低了市场配置资源基础性作用的发挥。企业层面的问题主要有：国有企业中政企不分、权责不清的状况依然十分严重；国有投资主体不成熟，缺乏持续投资能力；国有资本投资监管缺位，公司投资决策机制和治理结构不完善；非国有产权企业融资十分困难，限制其进一步发展；企业的投资决策科学化水平有待提高，投资效益低下；资本市场有待完善，市场融资渠道狭窄，公司融资方式不规范。

（4）继续深化改革时期（2004 年—至今）。针对深化改革时期面临的问题，2004 年国务院批准的《国务院关于投资体制改革的决定》（以下简称“决定”）开启了中国投资体制继续深化改革的新时期。国有相关部门依据该《决定》的精神及原则出台了一系列配套法规和实施细则。主要改革措施如表3－3所示。

**表 3－3 继续深化改革时期的主要改革措施**

| 时间 | 改革的措施 |
|---|---|
| 2004 年 7 月 | 国务院批准《国务院关于投资体制改革的决定》（简称“决定”） |
| 2004 年 7 月 | 《国务院办公厅进一步规范招投标活动的若干意见》 |
| 2005 年 8 月 | 国务院《关于鼓励支持和引导个体私营等非公有制经济发展的若干意见》（又称“旧 36 条”） |
| 2005 年 9 月 | 中国证监会发布《上市公司股权分置改革管理办法》 |
| 2006 年 5 月 | 中国证监会颁布《上市公司收购管理办法》 |
| 2010 年 5 月 | 国务院颁布《国务院关于鼓励和引导民间投资健康发展的若干意见》（又称“新 36 条”） |
| 2011 年 12 月 | 国务院颁布《中华人民共和国招投标法实施条例》 |
| 2012 年 3 月 | 国务院批转了发展改革委《关于 2012 年深化经济体制改革重点工作的意见》 |

《决定》的颁布是进一步深化中国投资体制改革的标志，指明了深化

中国投资体制改革的指导思想、总体目标和采取的主要措施。在该决定中，进一步确立了企业的投资主体地位，细化了政府对投资项目的管理办法，采用审批制、备案制和核准制三种；进一步规范了政府投资行为，提出从合理界定投资范围、规范投资资金管理、健全投资项目决策机制、引入市场竞争机制和规范和简化投资项目审批程序等方面加以规范；进一步提出了改进调控手段和调控方式，确立了以间接调控为主，宏观调控为辅的调控体系。《决定》的颁布执行深化了中国投融资体制改革，加快了投资创新的步伐，提高了企业投资行为的市场化程度。

依据《决定》的精神和原则，国务院及国家相关部门在2005年颁布了《关于鼓励支持和引导个体私营等非公有制经济发展的若干意见》。该意见在放宽市场准入、加大对非公有制企业财税金融支持、打破行业垄断方面都做出了比较明确规定。但由于缺乏相应的配套措施和细则，执行的效果并不好。为提高改革措施的可执行性和可操作性，国务院在2010年又颁布了《国务院关于鼓励和引导民间投资健康发展的若干意见》（又称“新36条”），将相关领域的科目都细化到二级，还将引导民资进入相关领域的管理直接分配给了相关部委负责，明确了民资进入的领域和方式。“新36条”与以往的条例相比显然更加规范和具体，有利于促进政府职能的进一步转换，建设更加公平竞争的市场环境，提高中国资本投资的效率，但是还有很多问题有待于进一步明确和细化。

综上所述，在改革开放以来的30多年中，中国政府为促进经济发展在投资体制改革方面做了大量卓有成效的工作，转变了政府的职能，确立了企业的投资主体地位，改进了政府宏观调控的策略，改善了资本的监督管理方式等。这些改革措施使中国的资本投资体制能不断的适应经济发展的要求，促进了中国经济和社会的健康、持续和稳定发展。但改革并不会一蹴而就，投资体制的变革还会随着经济的深入发展而不断进行。

第4章

# 高层管理者能力与资本配置效率的实证检验

本章主要分析中国上市公司中管理能力不同的高层管理者对公司资本配置效率的影响，并进一步深入探讨内部治理机制和外部经营环境等是否对高层管理者管理能力与资本配置效率之间的关系产生影响。首先，分析了高层管理者本身并非完全理性的，其对投资机会的识别和把握可能存在较大差异，管理能力高的高层管理者能否有效降低公司资本配置的非效率问题；然后分别探讨了大股东控制、股权制衡等内部治理机制和产品市场竞争度、机构投资者持股外部经营环境等方面是否对高层管理者管理能力与资本配置效率之间的关系产生影响。最后，通过建立实证检验模型验证了高层管理者管理能力与资本配置效率之间的关系。

## 4.1 问题的提出

现代公司最典型的特征就是所有权与控制权的分离。两权分离后，股东作为出资人，拥有公司的剩余索取权，但却很少参与公司的运营管理；而公司高层管理者作为经营管理者，不拥有或者拥有较少的公司所有权，但却控制着诸如公司固定资产购置、股权并购等公司资本配置方面的决策权。公司的剩余索取权和控制权的不一致使得公司的所有者和高层管理者之间所追求的目标函数并不总是一致的。所有者关注的是投入的资本能否保值增值，公司的价值能否最大化；而公司的高层管理者尽管也关注公司的利润大小，因为这一般关系到其自身的薪酬大小，但是其更为关注的是自身的收益能否最大化。在公司高层管理者的效用最大化函数中，所有者的公司价值最大化的目标并不必然带来高层管理者的效用函数最大化，这就使得高层管理者为了自身利益有动机利用契约的不完全性选择经营决策和行动的动机，从而产生委托代理问题（Jensen，1986；徐晓东和张天西，2009）。在中国特殊的制度背景下，委托代理问题一直都比较突出，具体表现是天价的管理者薪酬、高层管理者过度的在职消费、构建管理者帝国等，这些使得中国公司中普遍存在着资本投资效率不高，配置效率低下的问题。

然而，上述研究都是从高层管理者是同质的，没有任何差异的完全理性经济人的视角来研究委托代理框架下资本配置问题。而现实并非如此，第一，高层管理者是有限理性而非完全理性的经济人；第二，不同的高层管理者由于其教育、年龄、工作经历等自身特征的不同对在职消费、帝国构建的动机和愿望也不相同；第三，不同的高层管理者可能由于认知能力、信息的获取和处理能力的差异会对公司投资前景的预测、投资机会的捕捉和投资风险的估计等也是不同的。Hayes 和 Schaefer（1999）研究发现有能力的高层管理者的离职会导致原来公司股票价格平均下跌 1.51%，并且管理能力对股东财富的影响是巨大的。张铁铸和沙曼（2014）实证研究证实，无论非民营上市公司还是民营上市公司，高层管理者管理能力与在职消费之间均在 1% 的水平上呈显著的负相关关系，表明能力较强的高层管理者却很少通过在职消费去攫取私人利益。陈德球和步丹璐（2015）研究表明高层管理者管理能力虽对公司员工薪酬和高管薪酬均有明显的正向影响，且使得二者之间的薪酬差距进一步扩大，但由高层管理者管理能力形成的薪酬差距能激励公司高层管理者更有效的对公司进行经营管理，进而改善公司业绩，而高层管理者权力形成的薪酬差距却导致公司的业绩降低。

不同管理能力的高层管理者由于对公司面临机会把握能力的不同会造成不同的资本配置效率。而国内外的实证研究表明，董事会结构（Degryse，2001；Chung 和 Ding，2011；梅丹，2005；陈运森和谢德仁，2011 等）、股权结构（Goergen 和 Renneboog，2001；简建辉和黄平，2010 等）、高层管理者激励效应（Aggarwal 和 Samwick，2006；詹雷和王瑶瑶，2013 等）等不同的内部治理机制和产品市场竞争（Srinivasan 和 Jagannathan，1999；刘凤委和李琦，2013 等）、负债（Ahn et al.，2006；黄珺和黄妮，2012 等）、机构投资者持股（刘昌国，2006 等）等外部治理机制都对公司的资本配置效率产生影响。

一直以来，高层管理人员作为公司重要的人力资源备受关注。而现有的研究大都是在高层管理人员是完全理性的同质经济人假设下进行的。实际上，高层管理者面临同样的投资机会，管理能力不同的高层管理者可能有不同的判断，做出完全不同的投资决策。那么在其他条件相同的情况下，管理能力不同的高层管理者是提高还是降低公司的资本配置效率？公司的内外部治理机制是否对二者之间的关系产生影响？这些都是目前已有文献中研究较少且值得深入进行研究的课题。本章从微观视角公司层面对这些问题进行探讨。

## 4.2 理论分析与研究假设

公司的资本配置的效率与否，决定着公司价值的高低。在新古典经济框架下，公司的资本配置是和最大化、最优化联系在一起的。但在现实中资本配置的效率与否深受代理问题和不对称信息的影响（Bushman和Smith，2001；Stein，2003）。委托代理理论认为，公司是由包括投资者、经营管理者、债权人、客户等利益相关者组成的一个共同组织，契约是各利益相关者联系的纽带。由于契约的不完备性和不对称信息等市场缺陷的存在，再加上高层管理者的非完全理性，使得高层管理者有可能为了自己的利益或者其他原因投资 NPV <0 的项目，从而产生过度投资；由于信息的不对称性，也可能导致债权人及外部潜在投资者的逆向选择，使公司的融资成本增加，从而产生投资不足（Bertrand 和 Mullainathan，2003）。不论是过度投资或投资不足均降低了公司的资本配置效率，损害了公司的价值。

信息不对称性的降低有利于抑制过度投资和缓解投资不足。信息的不对称性越低，公司经理的自利行为越易受到更有效的监督，越有助于抑制公司的过度投资行为。信息的不对称性越低，外部投资者对公司投融资项目的评价越合理，越有助于缓解融资约束引起投资不足行为。而近年来国外学者发现管理能力高高层管理者能缓解公司信息的不对称性。Chemmanur 等（2010）研究显示不管公司是首次公开发行股票还是增发股票，高层管理者管理能力越高的公司，其信息不对称程度越低。Baik 等（2011）研究发现，高层管理者管理能力与公司自愿性盈利预测的准确性和预测的频率正相关。Panayiotis C. Andreou et al.（2013）运用经济危机后美国上市公司2008—2011年的数据实证检验表明相较于管理能力低的高层管理者，管理能力高的公司高层管理者会发行更多的债券募集资金以解决投资不足，从而产生了更多的收益；高层管理者管理能力与公司的信息不对称性呈显著负相关，即能力高的高层管理者能降低公司信息的不对称性。Cornaggia et al.（2014）的实证结果表明，在控制公司的相关特征之后，高层管理者管理能力高的公司能得到更高的信用评级；

高层管理者的管理能力与借债成本之间在1%的水平上呈显著负相关。

还有学者研究发现，高层管理者管理能力能显著地降低公司的在职消费水平（张铁铸和沙曼，2014）；管理能力高的高层管理者把更多的精力用在了如何充分运用公司既有资源在正常生产经营活动中创造更多的价值而不是用在避税活动上（Francis et al. ，2013）。

另外，高层管理者管理能力本身就是一种信号，具有信号传递，降低信息不对称程度的作用。高层管理者运用资产效率越高，外部对其认可程度就会越高，这就使得能力具备了信号传递的功能。

随着经济全球化的到来，社会经济环境日趋复杂，瞬息万变的市场加剧了公司之间的竞争。在此形势下，公司高层管理者对投资机会的识别和判断能力对公司的发展尤为重要。高层管理者能否研判社会经济环境变化并及时调整公司经营战略，能否准确的预测投资前景，充分利用公司既有资源捕获稍纵即逝的投资机会，控制投资的风险都决定着公司的生死存亡。在其他条件相同的情况下，管理能力高的高层管理者相较于能力低的高层管理者对公司所处的宏微观环境、行业的发展趋势有更透彻的了解，能迅速的掌握和处理信息，更加倾向于通过选择低风险、高收益的项目，提高公司的效率，降低公司的成本（Demerjian et al. ，2013）。

基于以上分析，本章提出第一个假设。

假设4－1：假设其他条件相同，相较于管理能力低的高层管理者，管理能力高的高层管理者能明显提高公司的资本配置效率。

现有的文献研究表明，股权的集中有两个方面的效应。第一，股权的适度集中能一定程度上缓解股东和高层管理者之间的代理冲突。由于拥有较高比例的公司股份和公司投票权，为保护自身权益，大股东就有足够的能力和动力对公司的高层管理者进行有效监督，影响高层管理者的资本配置决策，抑制其为追求自身利益导致的过度投资或投资不足行为，提高公司的资本配置效率；第二，股权的进一步集中让大股东拥有了对公司的控制权，而控制权能让大股东对公司高层管理者的任免和重大投资决策有决定性的影响，这让大股东与高层管理者合谋选择有利于大股东私人收益而有损于公司整体价值的非效率投资行为成为可能，从而降低了公司的资本配置效率。

中国资本市场中上市公司股权集中发挥什么样的效应目前没有一致的结论。有学者研究发现增加中国上市公司大股东持股比例能够抑制公司的投资过度行为，但会加重公司的投资不足程度（窦炜等，2011 等），也有学者研究发现中国上市公司第一大股东持股的比例与公司的非效率投资是 U 型或 N 型等非线性关系（罗进辉等，2008；简建辉和黄平，2010 等），也有学者认为中国上市公司第一大股东持股的比例与过度投资正相关，而与投资不足关系不显著（李鑫，2007 等）。中国上市公司普遍存在着“一股独大”现象，第一大股东持股比例平均为 34.72%。控股股东有可能利用自己的控股地位侵害中小股东的利益，降低公司高层管理者配置资本的效率。

基于以上分析，本章提出第二个假设。

假设 4－2：假设其他条件相同，第一大股东的持股比例的增加会减弱高层管理者管理能力与公司资本配置效率之间正相关性。

为抑制大股东牟取私利及与高层管理者的合谋行为，有效解决股东和高层管理者，大股东和中小股东之间的委托代理问题，西方学者对最优股权结构进行了大量的研究。研究认为，相互制衡的股权结构能有效的降低公司治理过程中这两类委托代理问题，即公司的控制权由几个大股东共同享有，由于不存在控股股东，共享控制权的大股东相互之间能形成制衡的局面，这样公司的资本配置决策须由制衡的大股东共同决定，从而对控股股东为追求自身私有收益而侵害其他股东的行为进行了限制。股权制衡理论指出由于能对控股股东的制衡，不仅能压缩高层管理者与控股股东牟取自身私利的空间，还有助于保护公司中小股东的利益。

中国学者结合中国独特的资本市场特征对股权制衡的作用进行了大量的研究，目前并没有得出一致的结论。中国上市公司“一股独大”现象比较普遍，随着股权制衡度的提高，非控股股东对控股股东的约束和监督的力度越来越强，一定程度上能制约控股股东与高层管理者共谋行为的发生和降低控股股东对中小股东利益的侵占（陈德萍和陈永圣，2011），这有利于公司高层管理者管理能力的发挥，提升公司配置资本的能力与效率。

基于以上分析，本章提出第三个假设。

假设 4 - 3：假设其他条件相同，股权制衡度的提高会增强高层管理者管理能力与公司资本配置效率之间的正相关性。

产品市场竞争是公司外部治理机制的一种重要形式，产品市场竞争对公司治理效应的一种主要的解释就是清算威胁假说（Threat of Liquidation Hypothesis）。该假说认为，随着市场竞争强度的加大，公司被兼并或被清算的可能性上升，而被兼并或被清算后的高层管理者往往会丢掉工作，所以，高层管理者会加强对自我的约束，尽力提高公司的经营效率，避免可能的效用损失。产品市场竞争对公司高层管理者投资行为影响的主要原理是激烈的产品市场竞争会加大公司的财务压力甚至使其清算的风险，高层管理者在投资决策时会更加的慎重，因为一旦投资于净现值为负的项目，就有可能使公司的竞争力下降，甚至退出竞争的市场，这会抑制公司的过度投资行为，但同时也可能使公司的投资不足更为严重。

中国学者结合中国独特的市场经济对产品市场竞争与非效率之间的关系进行了大量的研究。梅丹（2005）的研究表明产品市场竞争虽然对国有控股公司过度投资具有抑制作用，但并不显著。周中胜（2009）的研究认为产品市场竞争能优化公司的资源配置效率，在竞争程度高的国有控股公司优化作用更明显。刘喆和张志勇（2013）的研究认为产品市场竞争能够有效约束公司的过度投资行为，但这种制约作用在非国有控股公司中显著，而在国有控股公司中并不显著。

基于以上分析，本章提出第四个假设。

假设4－4：假设其他条件相同，产品市场竞争度的加大会增强高层管理者管理能力与资本配置效率之间正相关性。

理论界的研究认为机构投资者具有规模化、专业化和独立中介的特征，有动力和能力对公司的治理机制产生重要作用。具体来说，对公司投资行为的影响主要有以下两个方面。第一，机构投资者作为一个投资者，有责任对投资公司高层管理者的投资状况进行监督。机构投资者投资的资本都是从资金持有人中募集而来，一旦投资收益较低，就会面临资金赎回的压力，特别是基金，有可能导致基金清盘。这种机制能约束机构投资者，使其有动力监督公司高层管理者的投资行为，以实现股东利益的最大化。另外，机构投资者一般具有规模优势，持股比例相对较大，其监督的边际成本递减，使其有能力对公司的高层管理者进行监督。机构投资者积极参与公司治理有助于缓解公司代理问题，降低高层管理者的非效率投资行为。但是，机构投资者有时迫于盈利的压力，也有可能会与上市公司管理者合谋，损害公司的资本配置效率。第二，机构投资者具有信息方面的天然优势，有助于降低信息的不对称性，提高公司的资本配置效率。机构投资者作为专业性的投资机构，拥有经过专业训练的财务分析人士，在信息搜集、加工处理、投资决策运作等方面都具有优势，可在投资项目的评估与抉择时，提出自己的专业建议，防止公司投资于 NPV＜0 的项目而造成过度投资，或未把握有益的投资机会而造成投资不足。中国学者对机构投资者作用的研究得出的结论目前并不一致。计方和刘星（2011）研究认为机构投资者能够对公司高层管理者投资行为发挥监督作用，其持股比率与公司的非效率投资显著负相关。即机构投资者持股比率的增大能抑制其投资公司的投资过度行为，改善其投资不足现象，但这种改善作用在非国有控股公司中更显著。

基于以上分析，本章提出第五个假设。

假设 4 - 5：假设其他条件相同，机构投资者持股比例增大会增强高层管理者管理能力与资本配置效率的正相关性。

## 4.3 研究设计

### 4.3.1 样本选取和数据来源

研究选取 2003—2012 年在上海证券交易所和深圳证券交易所上市的 A 股主板上市的公司为初始样本。之所以选择 2003 年作为研究的起点，主要原因在于 2003 年以前的公司治理及最终控制人的相关资料缺失太多，使得样本数量锐减。为保证高层管理者管理能力计量的准确性，对所研究样本按中国证监会行业分类（其中制造业二级分类）。因为各公司每年的公司效率、资本投资效率的计算需用到滞后一期的数据；同时为了避免检验相关变量时产生的内生性问题，在回归模型的建立时，需要使用各解释变量滞后一期的数据，因此我们选择的研究样本期间是 2002—2013 年的上市公司。在研究过程中，根据研究需要对样本进行了如下筛选：（1）剔除金融保险类上市公司，因为此类公司的业务和其他行业的公司相比差异很大，使得财务数据不具有可比性；（2）剔除ST、PT等特殊处理以及在这期间退市的公司样本，因被ST和PT的公司财务数据前后可比性较差；（3）因同时发行A、H股或者A、B股的公司面临的监管环境和投资者群体与只发行A股股票的公司相比完全不同，故样本中剔除此类上市公司；（4）剔除了净资产为负值的公司；（5）剔除数据不全及中间数据不连续的公司样本；（6）因房地产业在此期间数据变化较大，剔除了房地产业公司样本；（7）剔除了样本量较少的印刷业和其他制造业公司样本。经过筛选，最终得到了2003—2012年8587个非平衡面板数据。为避免极端值的影响，本书对所有的连续变量均在1%和99%分位进行缩尾处理。公司效率的数据采用Maxdea6.2求出，其他数据的处理和统计分析采用Excel 2013和Stata 13。详细的样本行业分布情况见表4－1。

**表4－1　样本公司所属行业分布情况表**

| 行业性质 | CSEC类别 | 代码 | 数量 | 比例（%） |
|---|---|---|---|---|
| 农、林、牧、渔业 | 门类 | A | 30 | 2.22 |
| 采矿业 | 门类 | B | 39 | 2.88 |
| 食品、饮料 | 次类 | C0 | 67 | 4.96 |
| 纺织、服装、皮毛 | 次类 | C1 | 55 | 4.07 |
| 造纸、印刷 | 次类 | C3 | 32 | 2.37 |
| 石油、化学、塑胶、塑料 | 次类 | C4 | 163 | 12.06 |
| 电子 | 次类 | C5 | 83 | 6.14 |
| 金融、非金属 | 次类 | C6 | 131 | 9.69 |
| 机械、设备、仪表 | 次类 | C7 | 249 | 18.42 |
| 医药、生物制品 | 次类 | C8 | 100 | 7.4 |

续表

| 行业性质 | CSEC 类别 | 代码 | 数量 | 比例（%） |
|---|---|---|---|---|
| 电力、煤气及水的生产和供应业 | 门类 | D | 44 | 3.25 |
| 建筑业 | 门类 | E | 29 | 2.14 |
| 交通运输、仓储业 | 门类 | F | 26 | 1.92 |
| 信息技术业 | 门类 | G | 103 | 7.62 |
| 批发和零售贸易 | 门类 | H | 101 | 7.47 |
| 社会服务业 | 门类 | K | 43 | 3.18 |
| 传播和文化产业 | 门类 | L | 17 | 1.26 |
| 综合类 | 门类 | M | 40 | 2.96 |
| 合计 | — | — | 1352 | 100.00 |

资料来源：作者根据筛选后样本数据统计整理所得

从表 4－1 可以发现，样本总共包含 18 个行业，其中制造业按二级分类标准分为食品、饮料，纺织、服装、皮毛，造纸、印刷等 8 个行业。其中机械、设备、仪表行业有 249 家公司，所占比例为 18.42%，其次是石油、化学、塑胶、塑料行业，有 163 家公司，所占比例为 12.06%。样本公司数最少的是传播和文化产业，总共有 17 家公司，所占比例为 1.26%，但该类企业在 2003 年中就有 10 家上市公司，11 年来变化不大。

### 4.3.2 变量的选取和度量

1. 被解释变量：资本配置效率

本章将资本配置效率作为被解释变量，遵照狭义的概念解释，本章以资本投资效率作为资本配置效率的代理变量。大量文献对企业非效率投资程度的研究是从 FHP 框架出发，运用“投资—现金流”敏感度模型进行的。然而，“投资—现金流”敏感度模型对资本配置效率的解释并不清楚。投资对现金流的敏感程度，有可能是公司受自由现金流引发过度投资的影响，也可能是公司受融资约束引发投资不足的影响。

目前实证研究中对特定企业资本配置效率的衡量方法主要有 FHP（1988）模型、Vogot（1994）模型、Wurgler（2000）模型和 Richardson（2006）模型等。尽管 Richardson（2006）模型的计量结果也受到一些学者的质疑，但由于其具有能直接衡量公司年度投资效率的优势，广泛应用于中国现有文献的实证研究中（魏明海和柳建华 2007；姜付秀等 2009；陈运森和谢德仁，2011 等）。

借鉴 Richardson（2006）模型的基本原理并结合中国现有的研究文献，用如下模型估计公司的预期投资水平：

$$Inv_t = \alpha_0 + \alpha_1 Grow_t + \alpha_2 Lev_{t-1} + \alpha_3 Cash_{t-1} + \alpha_4 Size_{t-1} + \alpha_5 Age_{t-1} + \alpha_6 \mathrm{Rets}_{t-1} + \alpha_7 Inv_{t-1} + \sum Year + \sum Ind + \varepsilon_t \quad (4-1)$$

其中：$Inv_{i,t}$表示 $i$ 公司第 $t$ 年的投资水平，借鉴经典文献 Rajian 和 Zingales（1998）的界定，采用公司 $i$ 第 $t$ 的基于现金收付实现制原则和现金流量表信息度量的公司新增资本投资支出，等于以期初资产总额标准化后的投资活动的现金流中购置固定资产、无形资产及其他长期资产的现金与处置固定资产、无形资产和其他长期资产而收回的现金之差（饶育蕾和汪玉英，2006；陈运森和朱松，2009 等）表示。$Growth_{i,t-1}$表示 $i$ 公司第 $t-1$ 年的成长机会，用 Tobin' Q 值表示。$Lev_{i,t-1}$表示 $i$ 公司第 $t-1$ 年的资产负债率，即为公司上期末的公司负债总额与资产总额之比。$Cash_{i,t-1}$表示 $i$ 公司第 $t-1$ 年的持有现金比例，用公司上期持有的货币资金总额和短期投资之和除以期初资产总额表示。$Size_{i,t-1}$表示 $i$ 公司第 $t-1$ 年的规模大小，用公司上期末的资产总额的自然对数表示。$Age_{i,t-1}$表示 $i$ 公司第 $t-1$ 年的上市年龄，用公司当前年度减去上市年度的自然对数表示。$\mathrm{Rets}_{i,t-1}$表示 $i$ 公司第 $t-1$ 年的公司年度股票回报率，用公司 $t-1$ 年

5月至当年4月经过市场调整后，按月度计算的股票年回报率表示。$Inv_{i,t-1}Inv_{i,t-1}$表示 $i$ 公司第 $t-1$ 年的实际投资水平。*Year* 和 *Ind* 分别表示年度效应和行业效应，在模型中加以控制。

模型4-1的残差表示该公司第 $t$ 年的非效率投资水平。残差为正表示的是实际投资额大于预期投资额的部分，$Overinv_{i,t}$为投资过度部分，用表示，其金额越大表示投资过度越严重；残差为负表示的是实际投资额小于预期投资额的部分，为投资不足部分，其金额越小表示投资不足越严重，为理解方便，一般乘以-1，本书用$Underinv_{i,t}$表示。具体用公式表示如下：

$$Overinv_{i,t} = \varepsilon_{i,t} \quad (\varepsilon_{i,t} > 0) \tag{4-2}$$

$$Underinv_{i,t} = -\varepsilon_{i,t} \quad (\varepsilon_{i,t} < 0) \tag{4-3}$$

2. 解释变量

解释变量包括高层管理者管理能力（MA）、股权集中度（FSC）、股权制衡度（ER）、产品市场竞争度（COM）和机构投资者持股（ISH）。

（1）高层管理者管理能力（MA）。

高层管理者管理能力是指高层管理者在其他条件既定的情况下，有效利用公司既有的资源创造产出的能力。通常来说，管理能力高的高层管理者能更好把握行业发展的趋势及未来技术的发展，更好的预测产品的需求状况从而提前做出规划，能在既定的资源下有更高的产出或者在既定的产出下运用最少的资源。在现有衡量高层管理者管理能力的方法中，Demerjian 等（2012）的数据包络分析后进一步分离法能够度量每一个公司年度的高层管理者管理能力，应用愈发广泛（Francis et al.，2013；张铁铸和沙曼，2014 等），我们亦采用该方法衡量高层管理者管理能力。该方法衡量高层管理者管理能力的基本步骤如下：

第一步先用数据包络分析方法（DEA）估计公司的效率值。所有的公司都要投入人力资本、金融资本和各种创新型资本进行生产，共同的产出均为收入。但由于高层管理者管理能力等因素的影响，即使在其他条件相同的条件下投入相同规模的各种资本其产出也有差异，这就是公司利用其资源创造价值的效率。计算公司效率的公式如下：

$$\max.\theta = \frac{Sales}{v_1 COGS + v_2 PPE + v_3 R\&D + v_4 SG\&A + v_5 Oplease + v_6 Otinta} \quad (4-4)$$

其中：$\theta$ 为公司资本转化为收入的效率值；*Sales* 为公司销售收入，用公司营业收入代替；*COGS* 为公司销售成本，用公司主营业务成本代替；*PPE* 为公司净资产、厂房及设备，用公司固定资产净额代替；*R&D* 为公司净研发支出；*SG&A* 为公司销售及管理费用；*Oplease* 为净经营租赁费用，用本期的长期待摊费用的减少额代替；*Otinta* 为公司其他的无形资产。由于不同行业不同资源投入的比例不同，因此，在计算各公司的投入—产出比率时按行业计算，控制行业变量的影响。然后按行业将所得到的行业最高效率值作为该行业的基准进行标准化，得到一系列的(0-1]的公司效率值。

第二步对这一效率值进行 Tobin 回归。公司的效率值也可以作为高层管理者管理能力的代理变量，但公司资本转化为产出的效率不仅仅受高层管理者的影响，还受到公司其他因素的影响。例如在高层管理者具有相同能力的前提下，市场份额大的公司的高层管理者与供应商讨价还价的能力会更强，从而使得公司的效率提高。为了更准确的衡量公司高层管理者管理能力的大小，应排除掉公司层面的其他因素的影响。根据相关研究（Stein，1997；Bushman et al.，2004；DeAngelo et al.，2010 等），公司规模、公司的市场份额、拥有的自由现金流、公司本身的经营周期、经营分部的多少等是影响公司效率的主要因素。按行业去除这些因素的影响，残差部分就能更准确的衡量公司高层管理者的能力大小。

$$FE_{i,t} = \alpha + \beta_1 Size_{i,t} + \beta_2 MS_{i,t} + \beta_3 FCFI_{i,t} + \beta_4 Age_{i,t} + \beta_5 BSC_{i,t} + \beta_i \sum Year + \beta_j \sum \text{Industry} + \varepsilon_{i,t} \quad (4-5)$$

其中：$FE_{i,t}$为公司 $i$ 第 $t$ 年的公司效率，即公式 4 – 4 中的 $\theta$ 值；$Size_{i,t}$表示公司的规模，用公司 $i$ 第 $t$ 年年末总资产的自然对数表示；$MS_{i,t}$为公司 $i$ 第 $t$ 年所占的市场份额，用公司 $i$ 第 $t$ 年的营业收入除以当年同行业所有公司的营业收入之和表示；$FCFI_{i,t}$为公司 $i$ 第 $t$ 年的自由现金流的状况，是一个虚拟变量，当自由现金流量非负时表示为 1，否则表示为 0；$BSC_{i,t}$为公司是否有国外经营，是一个虚拟变量，用在资产负债表中是否有外汇调整表示，有则赋值为 1，否则赋值为 0；$Age_{i,t}$为上市年限，用公司 $i$ 第 $t$ 年年末上市年限的自然对数表示。残差 $\varepsilon_{i,t}$表示公司 $i$ 第 $t$ 年的高层管理者的管理能力（MA）。*Year* 和 *Industry* 分别表示年份和行业的虚拟变量。

（2）股权集中度（FSC）。本章用第一大股东持股比例作为股权集中度（FSC）的衡量指标。第一大股东的控制程度一般是和其持股的比例是正相关的。

（3）股权制衡度（ER）。股权制衡度衡量的是其他大股东对第一大股东制衡的能力，本章以第二至第五大股东持股比例之和与第一大股东持股比例的比值来衡量其大小（宋文娟，2013 等）。该指标数值越大，表明其他股东对第一大股东的制衡能力越强。

（4）产品市场竞争度（Lener）。由于现有文献中一般采用的赫芬达尔·赫希曼指数（HHI）主要衡量产业层面的产品市场竞争，而本研究主要关注的是公司之间的竞争，故选用 Lener 指数度量同一行业不同公司间的产品市场竞争。参照赵卿（2010）的做法，采用经产业调整后的 Lener 指数作为产品市场竞争度的代理变量。该指标数值越大，表示该产品的市场竞争程度越低，反之则表示市场竞争程度越高。为便于理解，我们对计算出的勒纳指数乘以 -1 处理，表示数值越大，产品竞争程度越高。计算公式如下：

$$Lenerindex = \frac{OI_{i,t} - OC_{i,t}}{OI_{i,t}} - \frac{\sum_{i=1}^{n}(OI_{i,t} - OC_{i,t})/OI_{i,t}}{n} \quad (4-6)$$

其中，$OI_{i,t}$表示 $i$ 公司第 $t$ 年的主营业务收入，$OC_{i,t}$表示 $i$ 公司第 $t$ 年的主营业务成本，$n$ 表示所属行业第 $t$ 年的公司数量。

（5）机构投资者持股比例（ISH）。针对西方发达资本市场的研究发现，机构投资者是一种重要的公司治理机制。中国资本市场借鉴西方经验，从 1998 年开始大力提倡发展机构投资者。随着中国机构投资者持股规模的逐步扩大，其在公司中的地位不断增强，机构投资者在中国的公司治理中也逐渐发挥作用。现有研究表明，基金公司是中国规模最大且与上市公司在业务上联系很少的机构投资者，能积极参与公司治理（姚颐和刘志远，2009）。合格境外机构投资者（QFII）与上市公司在业务上无联系且其投资决策又不受政府的干扰，其投资又遵循价值投资理念、平均投资期限相对较长，能积极参与公司治理（孙立和林丽，2006）。而信托投资公司、券商、保险公司等与上市公司存在业务联系，难以发挥积极的治理作用（钱露，2010）。故我们选取基金公司、QFII 持有的 A 股比例之和作为机构投资者持股比例的代理变量。

（6）最终控制人性质（State）。本书借鉴刘芍佳（2003）、饶茜（2012）等的做法，以色诺芬数据库中披露的最终控制人的数据为基础，将所研究的样本公司分为国有控股公司和非国有控股公司。国有控股公司为被政府部门及政府部门控股的公司所控制的公司和集体企业；非国有控股公司指民营上市公司、外资上市公司及其他性质的公司。

3. 控制变量的选择

参照现有实证研究（李青原，2009；Biddle 等，2009；Habib，2014 等）的模型设计，本书选取资产规模（Size）、资产负债率（Lev）、自由现金流量（Fcf）、总资产收益率（Roa）、营业周期（Opcyle）、总资产周转率（Turnover）和高管薪酬（Pay）作为实证检验模型的主要控制变量。

表4-2列示了本章各主要变量的定义。

**表4-2 主要变量的名称、符号及定义**

| 变量名称 | 变量符号 | 变量定义 |
|---|---|---|
| 新增投资额 | Inv | （现金流量表投资活动中购置固定资产、无形资产及相关资产的现金-处置固定资产、无形资产和其他长期资产而收回的现金）/期初总资产 |
| 成长机会 | Growth | （每股价格×流通股股数+每股净资产×非流通股股数+负债账面价值）/资产总额 |
| 资产负债率 | Lev | 期末负债总额/期末资产总额 |
| 现金持有比例 | Cash | （货币资金+短期投资）/期初资产总额 |
| 公司规模 | Size | 期末资产总额的自然对数 |
| 上市年龄 | Age | （当期年度-上市年度+1）的自然对数 |
| 股票回报率 | Rets | 是经市场调整后的个股年度持有收益率，等于i公司第t年5月到t+1年4月间各月收益率的乘积减去1，再减去同期的沪深股市的市场收益率乘积减1。 |
| 投资过度 | Overinv | 方程4-1回归残差中大于0的数值 |
| 投足不足 | Underinv | 方程4-1回归残差中小于0的数值的相反数 |
| 管理层能力 | MA | 公式4-5的残差 |
| 资产收益率 | Roa | 当期净利润/当期期末资产总额 |
| 总资产周转率 | Turnover | 当期营业收入/当期期末资产总额 |
| 股权集中度 | FSC | 第一大股东持股比例 |

续表

| 变量名称 | 变量符号 | 变量定义 |
|---|---|---|
| 股权制衡度 | ER | 第二至第五大股东持股比例之和/第一大股东持股比例 |
| 产品市场竞争度 | COM | 经产业调整后的 Lener 指数 |
| 机构投资者持股比例 | ISH | 基金公司、QFII 持有的 A 股比例之和 |
| 营业周期 | Opcyle | 公司营业周期的自然对数 |
| 高管薪酬 | Pay | 公司金额最高的前三名高层管理者薪酬总额的自然对数 |
| 自由现金流量 | Fcf | 公司经营活动产生的净现金流量减去公司预期的新增投资 |
| 行业 | Ind | 以农林牧渔业为基准，设置 17 个哑变量 |
| 年度 | Year | 以 2003 年为基期，设置 10 个哑变量 |

### 4.3.3 检验模型

本章在研究中国上市公司高层管理者管理能力对资本配置效率影响时采用多元回归分析方法。为检验本书提出的假设 4－1 至假设 4－5，即检验高层管理者管理能力与公司资本配置效率之间的关系，本书构建以下模型：

$$Overinv_{i,t}(Underinv_{i,t}) = \alpha_0 + \alpha_1 MA_{i,t-1} + \sum Controls_{i,t-1} + \sum Year + \sum Ind + \varepsilon_{i,t} \quad (4-7)$$

$$Overinv_{i,t}(Underinv_{i,t}) = \beta_0 + \beta_1 MA_{i,t-1} + \beta_2 MA_{i,t-1} \times ER_{i,t-1} + \beta_3 ER_{i,t-1} + \sum Controls_{i,t-1} + \sum Year + \sum Ind + \varepsilon_{i,t} \quad (4-8)$$

$$Overinv_{i,t}(Underinv_{i,t}) = \beta_0' + \beta_1'MA_{i,t-1} + \beta_2'MA_{i,t-1} \times FSC_{i,t-1} + \beta_3'FSC_{i,t-1} + \sum Controls_{i,t-1} + \sum Year + \sum Ind + \varepsilon_{i,t} \tag{4-9}$$

$$Overinv_{i,t}(Underinv_{i,t}) = \beta_0'' + \beta_1''MA_{i,t-1} + \beta_2''MA_{i,t-1} \times COM_{i,t-1} + \beta_3''COM_{i,t-1} + \sum Controls_{i,t-1} + \sum Year + \sum Ind + \varepsilon_{i,t} \tag{4-10}$$

$$Overinv_{i,t}(Underinv_{i,t}) = \beta_0''' + \beta_1'''MA_{i,t-1} + \beta_2'''MA_{i,t-1} \times ISH_{i,t-1} + \beta_3'''ISH_{i,t-1} + \sum Controls_{i,t-1} + \sum Year + \sum Ind + \varepsilon_{i,t} \tag{4-11}$$

为了避免解释变量与被解释变量之间潜在的同期性偏见，解释变量和控制变量均采用滞后一期的指标而被解释变量使用当期的指标进行多元回归。

模型（4-7）是考察公司高层管理者的管理能力与资本配置效率之间关系的，其中 $\alpha_1$ 反映了高层管理者管理能力对资本配置效率影响的方向和程度。根据本章提出的假设 4-1，$\alpha_1$ 应显著为正。

模型（4-8）至模型（4-11）加入了股权集中度、股权制衡度、产品市场竞争度和机构投资者持股比例这些指标，通过标准化后的股权集中度、股权制衡度、产品市场竞争度和机构投资者持股比例与标准化的高层管理者管理能力的交乘项的系数考察它们对公司高层管理者管理能力与盈余信息质量关系的影响。交乘项的系数表示的是各个变量是增强了还是减弱了高层管理者管理能力对资本配置效率的影响。如果交乘项的系数与高层管理者管理能力的系数符号相同并且在统计上显著，则各个变量是增强了高层管理者管理能力对盈余信息质量的影响，否则相反。

## 4.4 实证检验结果与分析

### 4.4.1 描述性统计和相关性检验

1. 各主要研究变量的描述性统计

本节首先对样本中过度投资与投资不足的情况进行统计，统计结果如表4-3所示。

表4-3　样本中各观测值分布情况表

| 最终控制人 | 国有控股样本组 | | 非国有控股样本组 | | 合计 | |
|---|---|---|---|---|---|---|
| | 投资不足 | 过度投资 | 投资不足 | 过度投资 | 投资不足 | 过度投资 |
| | 5438 | 2112 | 3556 | 1037 | 1882 | 3149 |
| 合计 | 5668 | | 2919 | | 8587 | |

由表4-3可得，全样本总数为8587个，根据最终控制人对全样本进行分组之后，最终控制人是国家控制的样本公司（5668）在数量上大大超过最终控制人不是国家控制的样本公司（2919）。说明在中国，国家作为上市公司的最终控制人是一个普遍现象。从表中可以得出，不管是在国有控股公司还是在非国有控股公司样本中，均同时存在投资过度和投资不足现象，且投资不足公司的数量都大于过度投资公司数量，这与张功富和宋献中（2009）、花贵如等（2010）等人的研究结论基本一致。投

资不足公司在国有控股样本、非国有控股样本和全样本中所占的比重分别为 62.74%、64.47% 和 63.33%，这说明投资不足现象在中国上市公司中普遍存在，且在不同最终控制人公司里并没有多大差异。经过对比可以看出，国有控股样本组的过度投资数量（2112）远大于非国有控股样本组的过度投资数量（1037），投资不足也是如此。

**表 4-4 过度投资样本中主要研究变量的描述性统计**

| 变量 | 均值 | 中位数 | 最小值 | 最大值 | 标准差 |
|---|---|---|---|---|---|
| Overinv | 0.059 | 0.032 | 0.000006 | 0.435 | 0.072 |
| MA | 0.002 | 0.003 | -0.898 | 0.419 | 0.144 |
| FSC（%） | 37.019 | 35.053 | 3.885 | 84.998 | 15.673 |
| ER | 0.509 | 0.335 | 0.003 | 3.244 | 0.505 |
| COM | -0.001 | 0.012 | -0.482 | 0.690 | 0.130 |
| ISH | 0.079 | 0.027 | 0 | 0.896 | 0.112 |
| Fcf | 0.007 | -0.002 | -1.234 | 9.403 | 0.219 |
| Size | 21.655 | 21.563 | 19.371 | 24.656 | 1.032 |
| Lev | 0.494 | 0.505 | 0.075 | 0.861 | 0.172 |
| Opcyle | 4.907 | 4.952 | 2.397 | 7.375 | 0.905 |
| Roa | 0.064 | 0.057 | -0.156 | 0.240 | 0.053 |
| Turnover | 0.833 | 0.681 | 0.093 | 3.076 | 0.563 |
| Pay | 13.588 | 13.625 | 11.490 | 15.558 | 0.819 |

表4-5　投资不足样本中主要研究变量的描述性统计

| 变量 | 均值 | 中位数 | 最小值 | 最大值 | 标准差 |
|---|---|---|---|---|---|
| Underinv | 0.034 | 0.027 | 0.000007 | 0.250 | 0.029 |
| MA | -0.001 | 0.001 | -0.897 | 0.425 | 0.152 |
| FSC | 36.760 | 34.148 | 3.885 | 85.232 | 15.787 |
| ER | 0.522 | 0.329 | 0 | 3.300 | 0.532 |
| COM | 0.007 | 0.021 | -0.912 | 0.686 | 0.141 |
| ISH | 0.059 | 0.014 | 0 | 0.901 | 0.098 |
| Fcf | -0.014 | -0.014 | -1.795 | 2.070 | 0.101 |
| Size | 21.579 | 21.468 | 19.371 | 24.656 | 1.053 |
| Lev | 0.494 | 0.509 | 0.075 | 0.861 | 0.185 |
| Opcyle | 5.038 | 5.071 | 2.397 | 7.375 | 0.953 |
| Roa | 0.051 | 0.047 | -0.156 | 0.240 | 0.061 |
| Turnover | 0.785 | 0.649 | 0.093 | 3.076 | 0.545 |
| Pay | 13.513 | 13.541 | 11.490 | 15.558 | 0.846 |

表4-4和表4-5是过度投资样本组和投资不足样本组的描述性统计。对比表4-4和表4-5可以看出，公司过度投资的样本均值（中位数）为0.059（0.032），公司投资不足的样本均值（中位数）为0.034（0.027），表明虽然过度投资相比投资不足的公司数量较少，但过度投资的程度比投资不足的程度更加严重。高层管理者管理能力在过度投资样本组中的均值（中位数）为0.002（0.003），而在投资不足样本中的均值（中位数）为-0.001（0.001），很明显过度投资组中的高层管理者管

理能力的均值和中位数均大于投资不足组。第一大股东持股比例在过度投资样本中均值（中位数）为37.01%（35.05%），而在投资不足组中分别为36.76%（34.15%），过度投资组也大于投资不足组。股权制衡度二者没有显著差异。产品市场竞争度在过度投资的均值（-0.001）和中位数（0.012）均小于投足不足样本组的均值（0.012）和中位数（0.021），说明过度投资样本组中产品竞争的程度低于投资不足样本组。机构投资者持股比例在过度投资样本中均值（中位数）为0.079（0.027），而在投资不足组中为0.059（0.014），这说明机构投资者持股比例总体上偏低，但公司间差异较大。其他变量，值得注意的是，过度投资样本组中自由现金流的均值（0.007）和中位数（-0.002）均大于投资不足样本组中自由现金流的均值（-0.014）和中位数（-0.014），初步表明中国上市公司中过度投资与投足不足均对自由现金流的大小高度敏感。过度投资组中的资产规模的均值（21.655）和中位数（21.563）均大于投资不足样本组中资产规模的均值（21.579）和中位数（21.468）。投资过度样本中公司营业周期的均值（4.907）和中位数（4.952）均小于投资不足公司样本中公司营业周期的均值（5.038）和中位数（5.071），表明投资不足公司相对于投资过度公司的资金周转速度较慢。投资过度公司的公司金额最高的前三名高层管理者薪酬的均值（中位数）均大于投资不足样本中的公司，表明从总体上过度投资公司高层管理者的薪酬相应更高。同样的，过度投资样本组中的总资产周转率和资本回报率的均值和中位数仍然大于投资不足样本组的均值和中无数，表明资产周转率的加快和高的回报率易使得公司投资过度。

2. 相关性检验

表4-6和表4-7分别为过度投资和投资不足样本组的相关性系数表。从表4-6可以看出，过度投资与高层管理者管理能力高度正相关，

表 4-6 过度投资样本组中各主要变量间 Person 相关系数表

| | Overinv | MA | FSC | ER | COM | ISH | Fcf | Size | Lev | Opcyle | Roa | Turnover | Pay |
|---|---|---|---|---|---|---|---|---|---|---|---|---|---|
| Overinv | 1 | — | — | — | — | — | — | — | — | — | — | — | — |
| MA | 0.067*** | 1 | — | — | — | — | — | — | — | — | — | — | — |
| FSC | 0.022 | 0.077*** | 1 | — | — | — | — | — | — | — | — | — | — |
| ER | 0.002 | -0.015 | -0.671*** | 1 | — | — | — | — | — | — | — | — | — |
| COM | -0.056*** | -0.075*** | 0.019 | -0.108*** | 1 | — | — | — | — | — | — | — | — |
| ISH | 0.087*** | 0.100*** | -0.030* | 0.101*** | 0.214*** | 1 | — | — | — | — | — | — | — |
| Fcf | 0.146*** | 0.038** | -0.021 | 0.01 | 0.021 | 0.039** | 1 | — | — | — | — | — | — |
| Size | -0.074*** | -0.004 | 0.212*** | -0.189*** | -0.049*** | 0.272*** | -0.107*** | 1 | — | — | — | — | — |
| Lev | -0.048*** | -0.086*** | -0.028 | -0.049*** | -0.238*** | -0.036** | -0.052*** | 0.278*** | 1 | — | — | — | — |
| Opcyle | -0.115*** | -0.028 | -0.067*** | 0.047*** | 0.214*** | -0.111*** | -0.048*** | -0.205*** | -0.007 | 1 | — | — | — |
| Roa | 0.093*** | 0.242*** | 0.116*** | -0.012 | 0.371*** | 0.398*** | 0.029 | 0.173*** | -0.277*** | -0.185*** | 1 | — | — |
| Turnover | -0.039** | 0.182*** | 0.049*** | -0.015 | -0.343*** | 0.169*** | 0.039** | 0.139*** | 0.104*** | -0.499*** | 0.226*** | 1 | — |
| Pay | -0.082*** | 0.065*** | -0.091*** | 0.062*** | 0.066*** | 0.274*** | 0.004 | 0.411*** | -0.016 | -0.135*** | 0.309*** | 0.238*** | 1 |

注：***、**和*分别表示在1%、5%和10%水平上。检验均为双尾。

表 4-7　投资不足样本组中各主要变量间 Person 相关系数表

| | Underinv | MA | FSC | ER | COM | ISH | Fcf | Size | Lev | Opcyle | Roa | Turnover | Pay |
|---|---|---|---|---|---|---|---|---|---|---|---|---|---|
| Underinv | 1 | — | — | — | — | — | — | — | — | — | — | — | — |
| MA | 0.044*** | 1 | — | — | — | — | — | — | — | — | — | — | — |
| FSC | 0.042*** | 0.093*** | 1 | — | — | — | — | — | — | — | — | — | — |
| ER | 0.021 | 0.02 | -0.644*** | 1 | — | — | — | — | — | — | — | — | — |
| COM | -0.060*** | -0.123*** | 0.035*** | -0.120*** | 1 | — | — | — | — | — | — | — | — |
| ISH | 0.036*** | 0.127*** | 0.036*** | 0.076*** | 0.228*** | 1 | — | — | — | — | — | — | — |
| Fcf | -0.272*** | 0.029** | 0.017 | 0.011 | 0.106*** | 0.089*** | 1 | — | — | — | — | — | — |
| Size | -0.019 | -0.02 | 0.251*** | -0.199*** | -0.053*** | 0.262*** | -0.075*** | 1 | — | — | — | — | — |
| Lev | -0.060*** | -0.070*** | 0.013 | -0.070*** | -0.255*** | -0.069*** | -0.064*** | 0.334*** | 1 | — | — | — | — |
| Opcyle | -0.080*** | -0.060*** | -0.107*** | 0.076*** | 0.241*** | -0.095*** | -0.059*** | -0.155*** | 0.012 | 1 | — | — | — |
| Roa | 0.051*** | 0.285*** | 0.086*** | 0.028** | 0.400*** | 0.404*** | 0.120*** | 0.177*** | -0.268*** | -0.167*** | 1 | — | — |
| Turnover | -0.061*** | 0.223*** | 0.106*** | -0.036*** | -0.294*** | 0.176*** | 0.069*** | 0.155*** | 0.164*** | -0.521*** | 0.204*** | 1 | |
| Pay | -0.061*** | 0.070*** | -0.009 | 0.017 | 0.091*** | 0.273*** | 0.005 | 0.443*** | 0.004 | -0.156*** | 0.337*** | 0.226*** | 1 |

注：***、** 和 * 分别表示在 1%、5% 和 10% 水平上。检验均为双尾。

初步表明管理能力高的高层管理者会加剧公司的投资过度。投资过度与公司自由现金流相关系数明显为正，初步表明自由现金流充足的公司投资过度会更加严重。过度投资与产品市场竞争度相关系数为负，初步表明提高公司产品市场竞争程度能在一定程度上抑制公司的投资过度行为。过度投资与机构投资者持股比例呈显著正相关，初步表明机构投资者持股比例的增加不仅没有有效抑制公司的过度投资，反而进一步加剧了公司的投资过度行为，这与国外的研究结果正好相反。其他控制变量方面，过度投资与公司规模、资产负债率、营业周期、资产周转率和高管薪酬都呈显著负相关，初步表明这些因素都能抑制公司的投资过度行为。而过度投资与公司的资产回报率呈显著正相关，表明资产回报率丰厚的公司更容易发生过度投资。

从表4－7可以看出，投资不足和高层管理者管理能力也高度正相关，初步表明管理能力高的高层管理者会加剧公司的投资不足程度。投资不足与第一大股东持股比例、机构投资者持股比例均为正，初步说明从总体上看二者均会使得公司投资不足的现象更加严重。投资不足与股权制衡度之间虽为正相关关系，但并不显著。投资不足与产品市场竞争度之间呈显著负相关，表明产品市场竞争度的提高会降低信息的不对称性，改善公司的投资不足。其他控制变量方面，投资不足与公司自由现金流之间呈显著负相关，初步表明自由现金流短缺的公司投资不足会更加严重。公司资产规模虽与公司投资不足相关系数为负，但并显著，说明公司规模的大小并不能影响公司的投资不足。投资不足与资产负债率、营业周期、资产周转率都呈显著负相关，初步表明这些因素都能改善公司的投资不足。公司金额最高的前三名高层管理者薪酬与投资不足相关系数为负，表明对高层管理者薪酬的激励能在一定程度上改善公司的投资不足。

无论投资过度样本组还是投资不足样本组，各主要变量的相关系数均较低，初步表明样本不存在多重共线性问题。

### 4.4.2 多元回归结果及分析

**表 4-8 高层管理者管理能力与非效率投资的回归结果**

| 变量 | 全样本 | | 国有控股公司 | | 非国有控股公司 | |
|---|---|---|---|---|---|---|
| | (1) | (2) | (1) | (2) | (1) | (2) |
| | Overinv | Underinv | Overinv | Underinv | Overinv | Underinv |
| Constant | 0.291*** | 0.073*** | 0.234*** | 0.062*** | 0.333*** | 0.046** |
| | (7.20) | (6.92) | (5.05) | (4.43) | (4.22) | (2.49) |
| MA i，t-1 | 0.027** | 0.009*** | 0.021* | 0.007* | 0.039** | 0.011** |
| | (2.55) | (3.08) | (1.80) | (1.96) | (1.97) | (2.32) |
| Fcf i，t-1 | 0.044*** | -0.080*** | 0.083*** | -0.095*** | 0.028*** | -0.064*** |
| | (3.55) | (-8.04) | (4.77) | (-11.23) | (5.49) | (-4.25) |
| Size i，t-1 | -0.006*** | -0.001 | -0.004** | -0.0001 | -0.007** | -0.0002 |
| | (-3.32) | (-1.21) | (-2.14) | (-0.10) | (-2.06) | (-0.06) |
| Lev i，t-1 | 0.012 | -0.006** | 0.007 | -0.003 | 0.027 | -0.009** |
| | (1.30) | (-2.50) | (0.69) | (-1.08) | (1.37) | (-2.46) |
| Opcyle i，t-1 | -0.011*** | -0.003*** | -0.013*** | -0.003*** | -0.007 | -0.003*** |
| | (-5.36) | (-5.06) | (-5.27) | (-4.22) | (-1.64) | (-3.40) |
| Roa i，t-1 | 0.137*** | 0.033*** | 0.168*** | 0.038*** | 0.078* | 0.021* |
| | (4.74) | (4.36) | (4.38) | (3.68) | (1.66) | (1.90) |
| Turnover i，t-1 | -0.014*** | -0.005*** | -0.017*** | -0.005*** | -0.006 | -0.004* |
| | (-4.40) | (-4.64) | (-4.71) | (-4.46) | (-0.97) | (-1.87) |
| Pay i，t-1 | -0.005** | -0.001 | -0.002 | -0.001 | -0.011*** | -0.0003 |
| | (-2.35) | (-1.05) | (-0.78) | (-1.51) | (-2.93) | (-0.08) |

续表

| 变量 | 全样本 | | 国有控股公司 | | 非国有控股公司 | |
|---|---|---|---|---|---|---|
| | (1) | (2) | (1) | (2) | (1) | (2) |
| | Overinv | Underinv | Overinv | Underinv | Overinv | Underinv |
| Ind | Yes | Yes | Yes | Yes | Yes | Yes |
| Year | Yes | Yes | Yes | Yes | Yes | Yes |
| N | 3085 | 5416 | 2063 | 3539 | 1022 | 1877 |
| Adj. R2 | 0.0863 | 0.151 | 0.117 | 0.173 | 0.0746 | 0.132 |
| F | 9.16 | 17.27 | 7.59 | 18.84 | 9.29 | 8.07 |

注：***、**和*分别表示在1%、5%和10%水平上，括号内为t值。

1. 模型（4-7）的回归结果与分析

表4-8分别列示了全样本、国有控股公司样本和非国有控股公司样本的高层管理者管理能力与公司资本配置效率的回归结果，表中（1）、（2）分别是过度投资和投资不足作为被解释变量的多元回归结果。从表4-8可以得出，在全样本中，过度投资和投资不足与滞后一期的高层管理者管理能力MA的系数分别在5%和1%的水平下为正，说明从总体上看，高层管理者管理能力与公司的过度投资和投资不足均呈显著正相关，高层管理者的能力越强，过度投资和投资不足的状况越严重。结论并不支持本章提出的假设4-1。按最终控制人性质划分为国有控股公司和非国有控股公司后，可以看出在国有控股公司子样本中，高层管理者管理能力与过度投资和投资不足的系数均在10%水平下显著为正，而在非国有控股公司子样本中，二者均在5%水平上为正，说明不论上市公司的最终控制人性质如何，管理能力高的高层管理者相较于能力低的高层管理者均会加重公司的非效率投资。结论亦不支持本章提出的假设4-1。究其原因，可能是中国上市公司的高层管理者普遍存在着过度自信的倾向（王德华和周晓燕，2007；伍如昕，2011等）。而过度自信的高层管理者

在同等情况下对净现值进行估计时，有可能高估项目预期产生的现金流量，也有可能低估项目的投资风险而采用较低的折现率进行折现，这均会高估投资项目的净现值，使得投资决策的判断标准 NPV 产生向上的偏差，表现为更强烈的投资扩张冲动。但过度自信的高层管理者能否实现投资扩张的愿望，很大程度上依赖于公司自由现金流的余缺程度。当公司拥有的自由现金流充足时，高层管理者投资扩张的愿望就会实现，使得一些 NPV <0 的项目得以实施，产生投资过度；当公司拥有的自由现金流不足时，高层管理者由于认为公司的价值被低估而不愿对外进行融资，使得一些 NPV >0 的项目被搁置，产生投资不足（Heaton，2002；Gervais et al.，2007；王艳林和薛鲁，2014 等）。管理能力高的管理者由于运用单位资源创造产出的效率较高，往往表现得更加过度自信，而这有可能加重公司的过度投资和投资不足的程度（Habib，2014）。而从表 4－8 中可以看出，高层管理者的非效率投资程度与公司自有现金流的余缺高度相关，自有现金流为正的公司与过度投资的系数在 1% 的水平上呈显著正相关，而自有现金流为负的公司与投资不足也与公司的投资不足在 1% 的水平上呈显著正相关。其他控制变量方面，公司规模能抑制公司的过度投资，对投资不足的改善作用不显著。负债的比率能抑制非国有控股公司的过度投资，而对国有控股公司的过度投资影响并不显著，这与蔡吉甫（2012）的研究结论一致。资产周转率的提高能抑制国有控股公司的非效率投资，但不能明显降低非国有控股公司的过度投资。公司高管的薪酬与非国有控股公司的过度投资系数在 1% 水平上为负，而与国有控股公司的过度投资和投资不足虽为负，却并不显著，说明国有控股公司中过度投资与薪酬并不十分敏感。

2. 模型（4－8）的回归结果与分析

表 4－9 分别列示了全样本、国有控股公司样本和非国有控股公司样

本的第一大股东持股比例、高层管理者管理能力与公司资本配置效率的回归结果，表中（1）、（2）分别是过度投资和投资不足作为被解释变量的多元回归结果。从表4-9中可以得到，不管是全样本、国有控股公司样本还是非国有控股公司样本组中，高层管理者管理能力与公司的投资过度或投资不足的系数均显著为正，表明公司高层管理者管理能力越高，公司的资本配置效率越低。高层管理者管理能力与第一大股东持股比例的交乘项系数只有在国有控股公司过度投资中在10%的系数为负，说明第一大股东持股比例的加大，能减弱高层管理者管理能力与国有控股公司过度投资之间的正相关性。结论并支持本章提出假设4-2；其他的交乘项系数除全样本过度投资外，均为正，但并不显著，说明第一大股东持股比例的加大虽能增加高层管理者管理能力与资本配置效率之间的负相关性，但并不显著，结论亦不支持本章提出的假设4-2。这与戚拥军等（2015）的研究结论基本一致。

**表4-9　第一大股东持股比例、高层管理者管理能力与非效率投资的回归结果**

| 变量 | 全样本 | | 国有控股公司 | | 非国有控股公司 | |
|---|---|---|---|---|---|---|
| | (1) | (2) | (1) | (2) | (1) | (2) |
| | Overinv | Underinv | Overinv | Underinv | Overinv | Underinv |
| Constant | 0.290*** | 0.077*** | 0.229*** | 0.066*** | 0.340*** | 0.055*** |
| | (7.97) | (7.24) | (5.19) | (4.81) | (4.96) | (2.87) |
| MA i，t-1 | 0.004*** | 0.001*** | 0.004** | 0.001* | 0.006** | 0.002** |
| | (2.86) | (3.38) | (2.17) | (1.85) | (2.09) | (2.45) |
| MAi，t-1 * FSCi，t-1 | -0.002 | 0.0004 | -0.002* | 0.0002 | 0.0001 | 0.001 |
| | (-1.20) | (1.01) | (-1.69) | (1.02) | (0.02) | (0.93) |
| FSC i，t-1 | 0.0001 | 0.001 | -0.001 | 0.001 | 0.004 | 0.002*** |
| | (0.06) | (1.61) | (-0.87) | (1.57) | (1.53) | (2.63) |

续表

| 变量 | 全样本 | | 国有控股公司 | | 非国有控股公司 | |
|---|---|---|---|---|---|---|
| | (1) | (2) | (1) | (2) | (1) | (2) |
| | Overinv | Underinv | Overinv | Underinv | Overinv | Underinv |
| Fcf i, t-1 | 0.044*** | -0.080*** | 0.083*** | -0.095*** | 0.028*** | -0.064*** |
| | (7.64) | (-21.26) | (8.18) | (-18.56) | (3.95) | (-11.29) |
| Size i, t-1 | -0.006*** | -0.001* | -0.004** | -0.0001 | -0.007** | -0.0001 |
| | (-3.61) | (-1.77) | (-2.03) | (-0.59) | (-2.46) | (-0.53) |
| Lev i, t-1 | 0.012 | -0.005** | 0.006 | -0.002 | 0.027* | -0.009** |
| | (1.37) | (-2.14) | (0.55) | (-0.78) | (1.76) | (-2.19) |
| Opcyle i, t-1 | -0.011*** | -0.003*** | -0.013*** | -0.003*** | -0.007** | -0.003*** |
| | (-5.90) | (-5.66) | (-5.68) | (-5.01) | (-1.98) | (-3.32) |
| Roa i, t-1 | 0.135*** | 0.033*** | 0.167*** | 0.038*** | 0.072 | 0.020 |
| | (4.79) | (4.51) | (4.74) | (4.02) | (1.46) | (1.65) |
| Turnover i, t-1 | -0.014*** | -0.005*** | -0.018*** | -0.005*** | -0.007 | -0.004** |
| | (-4.63) | (-5.11) | (-4.95) | (-4.69) | (-1.14) | (-2.33) |
| Pay i, t-1 | -0.005** | -0.001 | -0.002 | -0.001 | -0.010*** | 0.0002 |
| | (-2.32) | (-0.99) | (-0.86) | (-1.47) | (-2.68) | (0.25) |
| Ind | Yes | Yes | Yes | Yes | Yes | Yes |
| Year | Yes | Yes | Yes | Yes | Yes | Yes |
| N | 3085 | 5416 | 2063 | 3539 | 1022 | 1877 |
| Adj. R2 | 0.0861 | 0.152 | 0.118 | 0.173 | 0.0749 | 0.135 |
| F | 9.08 | 27.9 | 8.64 | 21.6 | 7.3 | 9.16 |

注：***、** 和 * 分别表示在1%、5%和10%水平上，括号内为t值。

3. 模型（4-9）的回归结果与分析

表 4-10 股权制衡度、高层管理者管理能力与非效率投资的回归结果

| 变量 | 全样本 | | 国有控股公司 | | 非国有控股公司 | |
|---|---|---|---|---|---|---|
| | (1) | (2) | (1) | (2) | (1) | (2) |
| | Overinv | Underinv | Overinv | Underinv | Overinv | Underinv |
| Constant | 0.291*** | 0.070*** | 0.233*** | 0.061*** | 0.339*** | 0.046** |
| | (8.05) | (6.66) | (5.32) | (4.51) | (4.94) | (2.37) |
| MA i, t-1 | 0.004*** | 0.001*** | 0.003* | 0.001** | 0.007*** | 0.002** |
| | (2.98) | (3.47) | (1.93) | (2.27) | (2.72) | (2.38) |
| MAi, t-1* ERi, t-1 | -0.001 | 0.0001 | 0.0002 | 0.00003 | -0.003 | -0.0002 |
| | (-0.70) | (0.28) | (0.10) | (0.09) | (-1.42) | (-0.36) |
| ER i, t-1 | 0.0007 | 0.001*** | 0.0006 | 0.0006 | 0.0001 | 0.0006 |
| | (0.52) | (2.68) | (0.31) | (1.07) | (0.04) | (0.95) |
| Fcf i, t-1 | 0.044*** | -0.080*** | 0.083*** | -0.094*** | 0.028*** | -0.064*** |
| | (7.67) | (-21.17) | (8.18) | (-18.42) | (3.90) | (-11.25) |
| Size i, t-1 | -0.006*** | -0.0003 | -0.004** | 0.0001 | -0.008** | 0.0002 |
| | (-3.61) | (-0.64) | (-2.23) | (0.10) | (-2.47) | (0.19) |
| Lev i, t-1 | 0.012 | -0.006** | 0.007 | -0.003 | 0.027* | -0.009** |
| | (1.43) | (-2.40) | (0.68) | (-1.09) | (1.75) | (-2.18) |
| Opcyle i, t-1 | -0.011*** | -0.003*** | -0.013*** | -0.003*** | -0.007* | -0.003*** |
| | (-5.90) | (-5.89) | (-5.65) | (-5.18) | (-1.95) | (-3.34) |
| Roa i, t-1 | 0.138*** | 0.032*** | 0.168*** | 0.038*** | 0.082* | 0.021* |
| | (4.90) | (4.34) | (4.78) | (4.00) | (1.67) | (1.69) |

续表

| 变量 | 全样本 | | 国有控股公司 | | 非国有控股公司 | |
|---|---|---|---|---|---|---|
| | (1) | (2) | (1) | (2) | (1) | (2) |
| | Overinv | Underinv | Overinv | Underinv | Overinv | Underinv |
| Turnover i, t-1 | -0.014*** | -0.005*** | -0.017*** | -0.005*** | -0.006 | -0.004** |
| | (-4.61) | (-4.99) | (-4.92) | (-4.71) | (-1.06) | (-2.08) |
| Pay i, t-1 | -0.005** | -0.0008 | -0.002 | -0.001* | -0.010*** | -0.0000 |
| | (-2.42) | (-1.39) | (-0.83) | (-1.76) | (-2.68) | (-0.01) |
| Ind | Yes | Yes | Yes | Yes | Yes | Yes |
| Year | Yes | Yes | Yes | Yes | Yes | Yes |
| N | 3085 | 5416 | 2063 | 3539 | 1022 | 1877 |
| Adj. R2 | 0.0859 | 0.152 | 0.116 | 0.173 | 0.0746 | 0.132 |
| F | 9.06 | 28.02 | 8.55 | 21.53 | 7.29 | 8.93 |

注：***、** 和 * 分别表示在 1%、5% 和 10% 水平上显著，括号内为 t 值。

表 4-10 分别列示了全样本、国有控股公司样本和非国有控股公司样本的股权制衡度、高层管理者管理能力与公司资本配置效率的回归结果，表中（1）、（2）分别是过度投资和投资不足作为被解释变量的多元回归结果。从表 4-10 中可以得到，不管是全样本、国有控股公司样本还是非国有控股公司样本组中，高层管理者管理能力均与公司的过度投资或投资不足呈显著正相关，表明公司高层管理者管理能力越高，公司的资本配置效率越低。高层管理者管理能力与股权制衡度的交乘项系数除在全样本和非国有控股公司的过度投资中为负外，其他均为正，但都不显著，说明股权制衡度对高层管理者管理能力与公司资本配置效率之间的关系影响并不显著。结论不支持本章提出的假设 4-3。

4. 模型（4－10）的回归结果与分析

表4－11 产品市场竞争度、高层管理者管理能力与非效率投资的回归结果

| 变量 | 全样本 | | 国有控股公司 | | 非国有控股公司 | |
|---|---|---|---|---|---|---|
| | (1) | (2) | (1) | (2) | (1) | (2) |
| | Overinv | Underinv | Overinv | Underinv | Overinv | Underinv |
| Constant | 0.293*** | 0.076*** | 0.237*** | 0.067*** | 0.333*** | 0.043** |
| | (8.13) | (7.28) | (5.41) | (4.96) | (4.85) | (2.26) |
| MA i，t－1 | 0.004*** | 0.001*** | 0.003* | 0.001** | 0.007*** | 0.001** |
| | (3.03) | (3.13) | (1.86) | (2.14) | (2.94) | (2.03) |
| MAi，t－1*COMi，t－1 | －0.002 | －0.0008*** | －0.0006 | －0.0005 | －0.004** | －0.001*** |
| | (－1.34) | (－2.69) | (－0.36) | (－1.22) | (－2.12) | (－2.66) |
| COM i，t－1 | －0.001 | －0.002*** | －0.004* | －0.002*** | 0.004 | －0.002** |
| | (0.58) | (4.61) | (1.90) | (3.57) | (1.30) | (－2.34) |
| Fcf i，t－1 | 0.044*** | －0.082*** | 0.082*** | －0.096*** | 0.027*** | －0.066*** |
| | (7.65) | (－21.71) | (8.07) | (－18.78) | (3.84) | (－11.59) |
| Size i，t－1 | －0.006*** | －0.0005 | －0.004** | －0.0001 | －0.008*** | 0.0004 |
| | (－3.77) | (－1.04) | (－2.29) | (－0.11) | (－2.59) | (0.46) |
| Lev i，t－1 | 0.012 | －0.004* | 0.008 | －0.002 | 0.022 | －0.007V* |
| | (1.45) | (－1.74) | (0.80) | (－0.70) | (1.40) | (－1.76) |
| Opcyle i，t－1 | －0.011*** | －0.004*** | －0.013*** | －0.004*** | －0.006* | －0.004*** |
| | (－5.90) | (－6.61) | (－5.83) | (－5.79) | (－1.71) | (－3.72) |
| Roa i，t－1 | 0.132*** | 0.015* | 0.136*** | 0.020* | 0.122** | 0.006 |
| | (4.20) | (1.82) | (3.46) | (1.92) | (2.26) | (0.42) |

续表

| 变量 | 全样本 | | 国有控股公司 | | 非国有控股公司 | |
|---|---|---|---|---|---|---|
| | (1) | (2) | (1) | (2) | (1) | (2) |
| | Overinv | Underinv | Overinv | Underinv | Overinv | Underinv |
| Turnover i, t-1 | -0.014*** | -0.003*** | -0.014*** | -0.004*** | -0.012* | -0.001 |
| | (-4.13) | (-2.79) | (-3.70) | (-3.04) | (-1.85) | (-0.79) |
| Pay i, t-1 | -0.005** | -0.0009 | -0.002 | -0.001* | -0.009** | -0.0002 |
| | (-2.38) | (-1.52) | (-0.87) | (-1.91) | (-2.38) | (-0.22) |
| Ind | Yes | Yes | Yes | Yes | Yes | Yes |
| Year | Yes | Yes | Yes | Yes | Yes | Yes |
| N | 3085 | 5416 | 2063 | 3539 | 1022 | 1877 |
| Adj. R2 | 0.0863 | 0.156 | 0.118 | 0.176 | 0.0803 | 0.139 |
| F | 9.09 | 28.84 | 8.66 | 21.99 | 7.48 | 9.4 |

注：***、**和*分别表示在1%、5%和10%水平上，括号内为t值。

表4-11分别列示了全样本、国有控股公司样本和非国有控股公司样本的产品市场竞争度、高层管理者管理能力与公司资本配置效率的回归结果，表中（1）、（2）分别是过度投资和投资不足作为被解释变量的回归结果。从表4-11中可以得到，不管是全样本、国有控股公司样本还是非国有控股公司样本组中，高层管理者管理能力均与公司的过度投资或投资不足呈显著正相关，表明公司高层管理者管理能力越高，公司的资本配置效率越低。高层管理者管理能力与产品市场竞争度的交乘项系数在所有样本组中均为负，但仅在全样本投资不足和非国有控股公司样本组中显著，说明产品市场的竞争均能降低高层管理者管理能力与资本配置效率的负相关性，但在非国有控股公司中更为显著。结论支持本章提出的假设4-4。

5. 模型（4-11）的回归结果与分析

表4-12 机构投资者持股、高层管理者管理能力与非效率投资的回归结果

| 变量 | 全样本 | | 国有控股公司 | | 非国有控股公司 | |
|---|---|---|---|---|---|---|
| | (1) | (2) | (1) | (2) | (1) | (2) |
| | Overinv | Underinv | Overinv | Underinv | Overinv | Underinv |
| Constant | 0.355*** | 0.088*** | 0.295*** | 0.074*** | 0.391*** | 0.070*** |
| | (9.53) | (8.17) | (6.56) | (5.33) | (5.44) | (3.48) |
| MA i, t-1 | 0.004*** | 0.001*** | 0.003* | 0.001** | 0.005** | 0.002** |
| | (2.71) | (3.38) | (1.84) | (2.25) | (2.13) | (2.33) |
| MAi, t-1* ISHi, t-1 | -0.004*** | 0.0003 | -0.004** | 0.0003 | -0.004* | 0.0003 |
| | (-2.84) | (0.67) | (-2.55) | (0.55) | (-1.67) | (0.43) |
| ISH i, t-1 | 0.008*** | 0.002*** | 0.008*** | 0.002*** | 0.007*** | 0.003*** |
| | (6.24) | (4.78) | (5.29) | (3.18) | (2.62) | (3.41) |
| Fcf i, t-1 | 0.043*** | -0.081*** | 0.080*** | -0.096*** | 0.026*** | -0.065*** |
| | (7.47) | (-21.48) | (7.91) | (-18.68) | (3.89) | (-11.44) |
| Size i, t-1 | -0.008*** | -0.001** | -0.007*** | -0.0005 | -0.009*** | -0.0006 |
| | (-5.05) | (-2.36) | (-3.56) | (-0.86) | (-2.84) | (-0.67) |
| Lev i, t-1 | 0.012 | -0.005** | 0.006 | -0.003 | 0.027* | -0.007* |
| | (1.37) | (-2.03) | (0.59) | (-0.94) | (1.73) | (-1.74) |
| Opcyle i, t-1 | -0.012*** | -0.003*** | -0.013*** | -0.003*** | -0.007** | -0.003*** |
| | (-6.13) | (-5.87) | (-5.68) | (-5.14) | (-2.11) | (-3.52) |
| Roa i, t-1 | 0.090*** | 0.022*** | 0.119*** | 0.029*** | 0.050 | 0.010 |
| | (3.08) | (2.94) | (3.26) | (2.92) | (0.98) | (0.77) |

续表

| 变量 | 全样本 | | 国有控股公司 | | 非国有控股公司 | |
|---|---|---|---|---|---|---|
| | (1) | (2) | (1) | (2) | (1) | (2) |
| | Overinv | Underinv | Overinv | Underinv | Overinv | Underinv |
| Turnover i, t-1 | -0.014*** | -0.005*** | -0.017*** | -0.006*** | -0.007 | -0.004** |
| | (-4.69) | (-5.23) | (-4.90) | (-4.80) | (-1.14) | (-2.34) |
| Pay i, t-1 | -0.006*** | -0.0009 | -0.003 | -0.001* | -0.012*** | -0.0005 |
| | (-2.89) | (-1.59) | (-1.09) | (-1.85) | (-3.08) | (-0.50) |
| Ind | Yes | Yes | Yes | Yes | Yes | Yes |
| Year | Yes | Yes | Yes | Yes | Yes | Yes |
| N | 3085 | 5416 | 2063 | 3539 | 1022 | 1877 |
| Adj. R2 | 0.0981 | 0.155 | 0.130 | 0.175 | 0.0800 | 0.138 |
| F | 10.32 | 28.66 | 9.53 | 21.89 | 7.47 | 9.35 |

注：***、**和*分别表示在1%、5%和10%水平上，括号内为t值。

表4-12分别列示了全样本、国有控股公司样本和非国有控股公司样本的机构投资者持股、高层管理者管理能力与公司资本配置效率的回归结果，表中（1）、（2）分别是过度投资和投资不足作为被解释变量的回归结果。从表4-12中可以得到，不管是全样本、国有控股公司样本还是非国有控股公司样本组中，高层管理者管理能力均与公司的过度投资或投资不足呈显著正相关，表明公司高层管理者管理能力越高，公司的资本配置效率越低。高层管理者管理能力与机构投资者持股的交乘项系数在所有样本组中过度投资为被解释变量时均为负，支持了本书提出的假设4-5；而在投资不足为被解释变量时为正，但不显著，结论并不支持本书提出的假设4-5。回归结果表明机构投资者持股能明显降低高层管理者管理能力与过度投资之间的正相关性，而对高层管理者管理能力与投资不足之间的关系影响并不显著。

## 4.5 稳健性检验

1. 重新界定了第 t 年的资本投资量。参照童盼和陆正飞（2005）、陈运森和谢德仁（2011）等的做法，第 t 年的资本投资量用经期初平均总资产标准化后的固定资产、无形资产、长期投资和在建工程的净值变化量之后来衡量，重新计算投资效率并进行估计，回归结果没有实质性变化。

2. 本章把 Richardson（2006）模型计算出的残差按从小到大的顺序排列后等分为三组，取最大的一组为过度投资组，最小的一组为投资不足组重新进行估计，回归结果没有实质性变化。这表明上述结论是稳健的。

## 4.6 本章小结

1. 本章首先从理论上分析了高层管理者管理能力对资本配置效率的影响，并结合中国上市公司的特点，分析了大股东、股权制衡度、市场竞争程度、机构投资者对高层管理者管理能力和资本配置效率关系的影响。首先，本章在理论分析的基础上了提出了竞争性假设，高层管理者管理能力会提高或降低公司的资本配置效率；其次，本章在基于中国上市公司特点的基础上依次提出了第一大股东的持股比例的增加会减弱或增强高层管理者管理能力与公司资本配置效率之间负相关性；股权制衡度的大小对高层管理者管理能力与公司资本配置效率之间的关系影响不显著；产品市场竞争度加大会减弱或加强高层管理者管理能力与资本配置效率之间负相关性；机构投资者持股比例增大会减弱或加强高层管理者管理能力与资本配置效率的负相关性四个假设。

2. 本章利用中国沪深两市 A 股 2003—2012 年上市公司的数据，验证了高层管理者管理能力对公司资本配置效率的影响。实证检验结果表明，不管是全样本、国有控股公司样本还是非国有控股公司样本组中，高层管理者管理能力均与资本配置效率负相关，这可能是由于高层管理者普遍存在着过度自信。第一大股东能减弱国有控股公司高层管理者管理能力与过度投资的正相关性，其他均不显著；股权制衡对高层管理者管理能力与资本配置效率之间的关系影响不显著；产品市场竞争度能减弱高层管理者管理能力与资本配置效率之间的负相关性，在非国有控股公司中更为显著；机构投资者持股显著降低高层管理者管理能力与过度投资之间的正相关性，但对投资不足影响不显著。

第5章

# 高层管理者能力与盈余信息质量的实证检验

本章主要研究中国上市公司高层管理者的管理能力是否影响以及如何影响盈余信息质量，并进一步探讨内部治理机制和外部经营环境对二者之间关系的影响。首先，探讨了管理能力强的高层管理者能否提高公司披露的会计盈余信息质量，接着分别探讨了大股东控制、股权制衡等内部治理机制和产品市场竞争程度、机构持股外部经营环境两方面是否对高层管理者的管理能力与盈余信息质量之间的关系是否产生影响。本章综合考虑中国资本市场的特点并在梳理已有研究的基础上，对上述问题作出了假设，然后通过构建检验模型实证检验了相应的研究假设。

## 5.1 问题的提出

企业是一系列契约的组合（Jensen 和 Meckling，1976）。如果企业与高层管理者能够签订完备的薪酬和其他相关契约并保证如约履行契约，高层管理者就会为股东和企业的利益长远服务。然而，现实中由于人的有限理性及市场环境的复杂性和不确定性，契约往往是不完备的（张维迎，1996）。作为受托经营的高层管理者，由于其直接负责公司日常的生产经营活动，往往拥有较其他利益主体更全面、更及时的有关信息。公司披露的会计盈余信息是其向公司利益相关者传递有关公司财务状况、经营成果及现金流量状况的重要信息，也是公司一系列契约签订的基础。

委托人和受托人的利益并不总是一致的，再加上会计准则不断向原则导向型转变，使得高层管理者和会计人员拥有了更多的选择权，高层管理者就有动机和有手段披露对自己有利的盈余信息。信息的混淆使得利益相关者很难评判公司真实的财务状况，也难以正确衡量及考核高层管理者工作的主观努力程度，高层管理者借此可牟取自己的私利。因此，在现代公司里，依照经理人的条件假设，高层管理者自身既有动机又有条件管理公司的盈余信息。然而在其他条件相同的情况下，对公司资产运用能力不同、有着自利动机的高层管理者是否会披露相同质量的盈余信息呢？运用资产能力强的高层管理者由于对行业的发展趋势有更深刻的了解，对公司的经营业务及发展态势有更准确的估计和判断，因此能更好的利用会计准则给予的剩余控制权，披露盈余信息质量更高的财务报告（Demerjian et al.，2013）。但该研究是基于美国的成熟资本市场做出的，该市场具有良好的经济环境和社会机制，高效的监督体制和披露制度，形成了公开、合理、竞争性强的高层管理者聘任机制。在此聘任机制下，声誉系统作为一种信号传递机制能对经理人行为形成一种约束力（Kreps et al.，1982）。然而，中国证券市场是一个转轨经济加新兴的市场，声誉、职业前景和薪酬合约等激励高层管理者披露较高质量盈余信息的这些因素的作用可能十分有限。在中国独特的市场背景下，高层管理者的能力对公司披露的盈余信息质量会产生什么样的影响，是一个值得深入探讨而目前文献研究甚少的问题。

有效的公司治理机制和外部治理环境能增强公司高层管理者对于盈余信息披露的质量。传统公司治理理论认为，在股权高度分散的市场中，公司委托代理问题的主要矛盾是外部投资者与企业高层管理者之间的利益冲突，所有权结构的高度分散使得高层管理者对企业的控制不断加强（Berle 和 Means，1932）。在此情况下，控股大股东的存在能够加强对管理者的监督，约束管理者机会主义行为，增加其牟取私利的难度，减弱其与投资者的代理冲突（Jensen 和 Meckling，1976）。但后来的研究发现所有权高度分散的情况在现代公司中并非普遍存在，大股东控制现象广泛存在于法律保护程度较低国家的企业之中，特别是东南亚一些国家的企业之中。德国的大型商业银行通过代理投票权拥有了大部分上市公司 25% 以上的投票权，而意大利、日本等国家的企业也广泛存在着控股股东。Claessens et al.（2002）通过对东亚九个国家及地区的样本公司研究发现，平均 67% 以上的公司被控股股东控制。而 Johnson et al.（2000）研究发现新兴市场国家的股权集中度比成熟市场国家更高。大股东由于持股比例较大，一方面为了自身的利益，他们更积极主动地对高层管理者的行为进行监督，相对地减少高层管理者盈余操纵和管理等降低盈余信息质量的行为，另一方面大股东也可能通过与代理人合伙或利用自己的控制权命令代理人侵占中小股东的利益，有动机进行盈余管理行为，伪造公司的业绩。而相互制衡的股权结构能够有效地消除大股东的绝对控制对公司的负面作用，制止高层管理者的道德风险和逆向选择等不利于股东利益的行为，有利于发挥公司治理机制的作用（孙永祥，黄祖辉，1999）。产品市场的竞争有助于公司信息的及时和充分披露，便于利益相关者对生产同一产品的不同公司之间进行比较，而公司信息的及时和充分披露也为绩效评估提供了基础，使得股东对管理者的能力和努力程度认识的更为清楚（Meyer et al.，1997）。产品市场的激烈竞争使管理者面临更强的监督和更大的破产威胁，有利于盈余信息质量的改善。一般认为，机构投资者持股比例的增加使得其有动机和能力监督公司高层管理者的盈余管理行为，从而改善公司的治理，降低公司盈余管理发生的可能性（Chung et al.，2002）。

中国的资本市场是一个新兴加转轨双重特征的资本市场，大股东控制和内部人控制现象比较普遍。国有控股公司中，68.97%的公司第一大股东持股比例超过30%以上，48.64%的公司第一大股东持股比例超过40%以上。而第二至第五大股东持股的数量平均仅为第一大股东持股数量的53.8%，股权制衡度较弱。不同行业不同产品之间的产品竞争程度差异很大，而机构投资者平均的持股比例仅为6.4%，价值投资的趋势正在形成。那么在控股股东普遍存在的中国资本市场中，控股股东持股比例的变化是否以及如何影响高层管理者管理能力与会计盈余信息质量之间的关系？较弱的股权制衡是否以及如何影响二者之间的关系？产品市场竞争的程度不同及机构投资者持股的比例的变化是否以及如何影响二者之间的关系？这些问题已有的文献基本没有涉及，本章将对其进行研究。

## 5.2 理论分析与研究假设

信息是资本市场有效运转的基础。财务报告是公司向投资者、债权人和其他利益相关者传递公司财务状况、经营成果及现金流量信息的重要载体，其蕴含的信息含量多少及质量高低极大的影响资本市场是否能够有效运转，也是外部投资者做出是否购买、继续持有或者出售公司有价证券等投资决策的重要依据。

无论是与盈余有关的会计信息，还是其他的会计信息，都是以日益趋同的会计准则为基础编制的。随着公司面临的经营环境日趋复杂，业务也日趋多元化，会计准则也为公司高层管理者提供了一个越来越多的对具体会计事项进行选择和判断的空间，也就是说高层管理者的会计剩余空间越来越大。不同能力的高层管理者对同样的业务和经济形式会做出不同的判断。一般来讲，管理能力高的高层管理者相较于能力低的高层管理者能够更深的把握公司所处的宏微观环境和行业的发展趋势，能够更清楚的认识到公司可能遇到的机遇与挑战，能够更准确地行使会计准则赋予的会计政策选择权，以保证公司的财务状况良好，健康持续发展。Aier et al.（2005）研究发现，公司如果雇佣工作时间更长、经验更丰富或者专业教育背景更专业的财务经理，其公司的财务报表重述更少，也就是说公司会报告更高的财务报告质量。Demerjian et al.（2013）运用美国 1989—2009 年间 78423 个年度观测数据实证发现，高层管理者管理能力高的公司有更少的盈余重述次数，有更强的盈余持续性，坏账准备的估计更准确。然而，这些都是基于西方发达国家成熟的资本市场和完善的监督体系为基础进行研究得出的结论。

中国自改革开放以来，对国有企业的改革就在不断的进行当中。从 20 世纪 80 年代初开始，国有企业改革先后经历放权让利、利改税、拨改贷、实行承包制及建立现代企业制度等不同的阶段。一方面，国有企业随着改革的不断深入逐渐完成了股份制改造，拥有了越来越多的公司决策权，其高层管理者剩余控制权也得到了空前的加强（Fan et al.，2010）。另一方面，股权属于全体人民的属性使得无法直接对国有企业高层管理者进行监督，只得委托政府相关部门或者政府官员行使监督权。而政府相关部门缺乏对国有企业高层管理者积极监督的动力、再加上现有体制对高层管理者的激励不足，使得其既有能力又有动机通过会计准则赋予的会计政策选择的权利操纵财务报告披露的信息。而会计信息往往是公司债务契约、股权契约和薪酬契约等重要契约制定的基础。管理能力强的管理者由于对宏观和行业环境、国家的相关政策有更准确的了解，有可能更善于利用会计准则赋予的会计估计和会计政策的选择权，更隐蔽地进行关联交易，改变损失或收入确认的时点及金额等行为，从而达到攫取私利为目的的权利寻租行为。黄永安等（2011）研究发现，在中国这样一个新兴转轨经济体中，高层管理者往往利用自己掌握的信息优势进行盈余管理，高层管理者的管理能力与会计报表盈余信息质量呈现显著的负相关性。

基于以上分析，本章提出第一个假设。

假设 5－1：假设其他条件相同，公司高层管理者的管理能力与盈余信息质量之间的关系为负相关。

中国上市公司大多都是由国有企业股份制改造而来，普遍存在着控制性大股东，本章的样本公司中第一大股东的平均持股比例为 36.97%（见表 5－2 所示）。控制性大股东的存在具有协同效应和壕沟效应（Mock et al.，1988）。协同效应（Alignment Effect）是指公司大股东有动机和有能力在其持股比例增加时加强对高层管理者的控制，抑制其机会主义动机，能有效缓解公司的代理冲突，提高公司盈余信息含量，提升公司的价值。壕沟效应（Entrenchment Effect）是指随着股权集中度的进一步提高，大股东就有可能利用其控制权进行牟取私人收益，而损害中小股东的利益，降低公司价值的效应。控股股东为防止牟取私利的行为败露，就有动机对公司盈余进行管理，降低公司盈余的信息质量。中国的资本市场是一个新兴加转轨的市场，目前还未形成有效的充分竞争经理人市场，公司的高层管理者大多是由第一大股东进行选拔和委派，这虽然有利于抑制其机会主义行为的动机，有效缓解股东与高层管理者之间的代理冲突，但往往也会形成公司的经营决策以第一大股东利益为导向。

现代公司所有权与经营权的分离使得控制权和收益权的不一致成为

可能。在股权高度集中的资本市场中，大股东就有动机利用拥有的控制权牟取私人收益，也有能力通过与高层管理者的合谋达到牟取私利的目的，而这往往会严重损害中小股东的利益。大股东牟取私利的手段一般是通过与管理者合谋对公司的盈余信息进行操纵，以误导中小投资者做出错误的投资决策，从而实现掠夺和控制中小股东财富的目的。Fan 和 Wong（2002）以东亚七个国家或地区的 977 家上市公司为样本实证研究了所有权结构与盈余信息含量的关系。研究发现，最终控制人两权分离程度越大，会计盈余信息含量越低，二者之间呈负相关的关系。王化成和佟岩（2006）以中国 1999—2002 年的上市公司为样本，从盈余反应系数角度实证研究发现，控股股东持股比例增加会降低公司的盈余信息质量，且控股股东为国有股时二者之间关系更显著。王昌锐和倪娟（2012）研究发现，增加股权集中度能显著提高财务舞弊的行为，即控股股东的控制明显降低了盈余信息质量。

基于以上分析，提出本章的第二个假设。

假设 5 -2：假设其他条件相同，第一大股东持股比例越高，高层管理者的管理能力与盈余信息质量之间的负相关性越大。

为约束大股东牟取私利以及与高层管理者的合谋行为，有效减少大股东对中小股东利益的侵害行为，学者们进行了大量的研究。研究认为，相互制衡的股权结构不仅有助于限制控股股东为追求自身私有收益而侵害中小股东的行为，降低控股股东与管理者合谋的概率，还有助于减少公司进行盈余管理的空间和行为。

相互制衡的股权结构就是指公司的控制权由几个大股东共同享有，任何一个单个大股东都无法独自决定公司的决策，形成相互制衡的局面。由于相互制衡，单个大股东攫取公司资产牟取私利的难度加大，这有利于制约大股东的机会主义行为，约束大股东直接或者与管理者合谋对盈余信息管理的行为，降低盈余管理的程度，提高管理者披露的盈余信息质量。王化成、佟岩（2006）利用中国上市公司1999—2002年的年度数据实证研究表明对大股东股权制衡能力的增强能提高公司披露的盈余信息质量。马丽雅（2010）利用中国沪深两市A股2002—2006年年度数据实证研究发现股权制衡度的提高能有助于强化对管理者的监督，降低其盈余管理的行为，提高盈余信息质量。简玉峰和刘长生（2013）也得出了类似的结论。林芳和许慧（2012）基于2004—2010年的A股上市公司年度数据实证研究发现，股权制衡度的提高能抑制公司真实盈余管理行为，但对应计盈余管理影响并不显著。

基于此，本章提出第三个假设。

假设5-3：假设其他条件相同，股权制衡度的提高有助于降低高层管理者的管理能力与盈余信息质量之间的负相关性。

产品市场竞争是制约内部人信息披露质量的一种重要外部机制（伊志宏等，2010）。产品市场竞争影响公司治理效应的理论假说主要有充分信息假说和破产清算假说。充分市场假说的内涵是由于现实中市场是不完美和有摩擦的，所以公司各利益相关者之间存在着信息的不对称，而产品市场竞争有助于外部投资者利用同行业竞争对手的相对业绩对来衡量所投资公司的绩效，相互的比较衡量有利于降低信息不对称的程度，便于投资者判断管理者努力工作的程度和其管理能力。产品市场竞争的程度越高，投资者越能通过竞争公司相互之间绩效信息的比较消除市场波动等带来的影响，越能对公司高层管理者进行更有效的监督，越能减少公司高层管理者盈余操纵的可能，提高公司的盈余信息质量。而破产清算假说的内涵是市场中的资源是有限的，而资源的获得和有效配置是公司生存发展的基础。产品市场的竞争程度的提高会增加无法获得或有效配置资源的公司破产清算的可能性，而破产清算会使公司高层管理者的利益受损，迫使高层管理者不得不努力工作，提高信息披露的质量以吸引资源拥有者从而获得资源，提高资源的配置效率从而改善公司的业绩。

王雄元和刘焱（2008）以2005年深市上市公司数据实证研究发现公司盈余信息披露的质量与产品市场竞争度显著正相关，而在较高竞争度的行业中，处于竞争劣势的公司提高盈余信息披露质量的动机更强。伊志宏等（2010）用2003—2005年深市上市公司数据实证研究发现产品市场竞争会对高管激励和大股东治理有互补效应，而对董事会治理有替代效应；而产品市场竞争度的加强能显著提高公司的盈余信息质量。

基于此，本章提出第四个假设。

假设5-4：假设其他条件相同，市场竞争程度越高，高层管理者管理能力与盈余信息质量的负相关性越小。

学术界认为机构投资者由于具有规模化、专业化和独立中介的特点，可以更有效的发挥监督和治理的功能，抑制公司高层管理者的盈余管理的行为。

第一，机构投资者一般具有规模优势，使其有动力对公司行为进行监督。由于机构投资者集聚了散户投资者的资金，随着其持股规模的扩大，其监督的边际成本递减，能部分的解决中小股东搭便车的问题。另外，由于机构投资者投资于众多上市公司，在参与监督高层管理者和公司治理过程中积累知识及经验可以相互应用，使得其监督成本也能有效的降低。随着其持股比例的上升，机构投资者自身的收益与所投资公司的经营业绩紧密相关，“用脚投票”所遭受的损失也越来越大。由于规模优势，机构投资者监督治理的单位成本不断下降，出于成本—收益的考虑，其往往有动机参与公司治理，发挥监督作用。高雷和张杰

(2008) 研究发现，机构投资者持股能在一定程度上降低代理成本，明显减弱股权集中度与盈余信息质量之间的负相关性，改善会计盈余的质量。

第二，机构投资者一般具有信息优势，使其有能力对公司的行为进行监督。机构投资者一般配备宏观经济、行业、公司研究和资金运作等专门部门，拥有专业的财务分析人士，在信息收集、分析处理及投资决策等方面具有优势，能挖掘解读各种具有价值的信息，能有效缓解与公司的信息不对称性，从而能对公司的行为进行有效监督。加上持股规模的优势，机构投资者在董事会中有一定的话语权，这使机构投资者可能影响公司信息的生成，有利于增强公司信息的透明度，也进一步增强了机构投资者监督的力量。崔学刚（2004）研究发现，前十大股东中存在机构投资者，因此能够提高上市公司的信息透明度；程书强（2006）研究发现，随着机构投资者持股比例的增加，公司的盈余信息质量也随之提高。陆瑶等（2012）研究发现，随着机构投资者持股比例的增加能降低公司违规行为的倾向，进而提高公司的信息透明度。

作为公司治理机制的一种补充机制，机构投资者能降低公司的委托代理冲突和缓解信息不对称性的影响，压缩高层管理者实施盈余管理的空间，提高公司的盈余信息质量。

基于此，本章提出第五个假设。

假设 5－5：假设其他条件相同，机构投资者持股比例越高，高层管理者的管理能力与盈余信息质量的负相关性越小。

## 5.3 研究设计

### 5.3.1 样本来源和数据选择

样本数据的选取方法和数据的来源以及对样本的处理与 4.3.1 相同。

### 5.3.2 变量定义

1. 被解释变量

盈余信息质量是本章的被解释变量，用 EQ 表示。现有的文献衡量盈余信息质量的指标很多，从盈余属性的角度有盈余持续性、盈余平滑度、确认损失的及时性等指标；从投资者对盈余信息的反应角度有盈余反应系数（ERC）和盈余反应系数（ERC）与其他指标之间的关系等；从反映盈余错报的外部指标角度有财务重述、处罚公告、内部缺陷报告等指标。中国股票市场在 20 世纪 90 年代初才创建，上市公司上市的时间比较短，因此数据原因很多衡量指标并不适用。借鉴已有的研究（Biddle et al, 2009；李青原，2009 等），本节选用真实盈余信息质量、应计盈余信息质量和盈余平滑度三个指标来衡量盈余信息质量的不同方面，并在此基础上构建一个综合盈余信息质量指标盈余信息质量指数（曾颖和陆正飞，2006；Chen et al.，2011 等），以消除单个指标中测量误差及极端值的偏误。

（1）真实盈余信息质量（RE）。真实盈余信息质量是通过真实盈余管理的程度进行衡量的。本节参照 Roychowdhury（2006）的方法，用操控性支出、非正常生成成本和非正常经营活动现金流来表示真实盈余信息质量。Roychowdhury（2006）首先使用 Dechow et al.（1998）模型计算出每个公司正常的非操控性费用、正常生产成本和经营活动现金流，然后用实际的操控性费用、生产成本和经营活动现金流减去计算得到的上述三个值，即得到操控性支出、非正常生产成本和非正常经营活动现金流。

Roychowdhury 模型在估计操控性费用时，为避免将操控性费用表示成当期销售收入的线性函数使得回归残差很低，直接将操控性支出表示为滞后一期销售收入的函数，如公式 5－1 所示。公式 5－1 估计出的是非操控性费用，该模型的残差就是公司的可操控性费用减少，公司利润将增加，反之，公司的利润降低。

$$\frac{DISXEP_{i,t}}{Assets_{i,t}} = \alpha_0 + \alpha_1 \frac{1}{Assets_{i,t-1}} + \alpha_2 \frac{Sales_{i,t-1}}{Assets_{i,t-1}} + \varepsilon_{i,t} \tag{5-1}$$

由于销售的操控和生产的操控均对公司的销售成本和存货产生影响，所以生产成本是产品销售成本和当年存货变化额之和，把产品销售成本表示为当期销售收入的线性函数，如公式 5－2 所示：

$$\frac{Scost_{i,t}}{Assets_{i,t-1}} = \alpha_0 + \alpha_1 \frac{1}{Assets_{i,t-1}} + \alpha_2 \frac{Sales_{i,t}}{Assets_{i,t-1}} + \varepsilon_{i,t} \tag{5-2}$$

存货变化额是当期和上期销售变动额的线性函数，关系如公式 5－3 所示：

$$\frac{\Delta INV_{i,t}}{Assets_{i,t-1}} = \alpha_0 + \alpha_1 \frac{1}{Assets_{i,t-1}} + \alpha_2 \frac{\Delta Sales_{i,t}}{Assets_{i,t-1}} + \alpha_3 \frac{\Delta Sales_{i,t-1}}{Assets_{i,t-1}} + \varepsilon_{i,t} \tag{5-3}$$

根据公式 5－2 和公式 5－3 可得到公式 5－4。公式 5－4 的预期值就是正常产品成本，实际生产成本减去正常生产成本即为非正常生产成本，用

ABPROD 表示。减少 ABPROD，公司利润将减少，反之，公司利润增加。

$$\frac{PROD_{i,t}}{Assets_{i,t-1}}=\alpha_0+\alpha_1\frac{1}{Assets_{i,t-1}}+\alpha_2\frac{Sales_{i,t}}{Assets_{i,t-1}}+\alpha_3\frac{\Delta Sales_{i,t}}{Assets_{i,t-1}}+\alpha_4\frac{\Delta Sales_{i,t-1}}{Assets_{i,t-1}}+\varepsilon_{i,t} \tag{5-4}$$

Roychowdhury 模型把正常经营现金流表示为销售收入和销售变化额的线性函数，如公式 5－5 所示。按行业和年度截面回归公式 5－5，其预期值即为每个公司的年度正常经营现金流。实际经营现金流减去正常经营现金流即为非正常经营活动现金流，用 ABCFO 表示。降低 ABCFO 则增大公司利润，增大 ABCFO 则增加公司利润。

$$\frac{CFO_{i,t}}{Assets_{i,t-1}}=\alpha_0+\alpha_1\frac{1}{Assets_{i,t-1}}+\alpha_2\frac{Sales_{i,t}}{Assets_{i,t-1}}+\alpha_3\frac{\Delta Sales_{i,t}}{Assets_{i,t-1}}+\varepsilon_{i,t} \tag{5-5}$$

在公式 5－1 到公式 5－5 中，$DISXEP_{i,t}$表示 $i$ 公司第 $t$ 年的操控性费用，是 $i$ 公司第 $t$ 年的销售费用和管理费用之和，$Assets_{i,t-1}$表示 $i$ 公司第 $t-1$年末的资产总额，$Sales_{i,t}$表示 $i$ 公司第 $t$ 年的销售收入，$\Delta Sales_{i,t}$表示 $i$ 公司第 $t$ 年的销售收入相比第 $t-1$ 年的变化额，$\Delta Sales_{i,t-1}$表示 $i$ 公司第 $t-1$年的销售收入相比第 $t-2$ 年的变化额，$Scost_{i,t}$表示 $i$ 公司第 $t$ 年的产品销售成本，$\Delta INV_{i,t}$表示 $i$ 公司第 $t$ 年的存货相比第 $t-1$ 年的变化额，$PROD_{i,t}$表示 $i$ 公司第 $t$ 年的产品生产成本，$CFO_{i,t}$表示 $i$ 公司第 $t$ 年的经营活动产生的现金流量净额。

公司高层管理者可能使用某一种或者其组合来进行利润调节。考虑到 ABDIX、ABPROD 和 ABCFO 均是公司真实盈余管理的一种手段，而公司管理者有可能同时使用几种手段进行盈余管理，且这三个个体指标如果相同方向变化还有可能相互抵消。为了较准确全面衡量公司的真实盈余信息质量，本章参照 Chi et al.（2011）的思路构建真实盈余信息质量指标 RE。RE = -abs（-ABDIX + NABPROD - NABCFO）。RE 的含义是其值越大，表示公司真实盈余管理越小，盈余信息质量越好。

（2）应计盈余信息质量（ACE）。参照 Francis et al.（2005）、Chen et al.（2011）等的做法，本书运用修正的 DD 模型回归残差的标准差（以残差滞后五期的标准差的平均值）作为应计盈余信息质量的度量指标。该度量标准的内涵是即使一家公司的修正 DD 模型一直保持较高的残差，如果其残差的标准差很小，则表明该公司应计利润的波动性比较小。即使该公司中利润实现经营现金流的能力较差，但由于其趋势可以预测，所以该公司具有相对较高的应计盈余信息质量。换句话说，一家公司残差的标准差越小，表明该公司长期异常应计利润的不确定性很小，从而盈余信息质量越高。为了理解方便，本章对其计算出的残差标准差与 -1 相乘作为会计盈余信息质量的第二个代理变量。具体的模型设定如公式 5-6所示：

$$TAC_{i,t} = \alpha_0 + \alpha_1 CFO_{i,t-1} + \alpha_1 CFO_{i,t} + \alpha_2 CFO_{i,t+1} + \alpha_3 \Delta Rev_{i,t} + \alpha_4 PPE_{i,t} + \varepsilon_{i,t} \tag{5-6}$$

其中：$TAC_{i,t}$表示 $i$ 公司第 $t$ 年的应计利润，其金额大小为公司第 $t-1$ 年到第 $t$ 年间（流动资产的变化额 - 货币资金的变化额 - 短期投资的变化额 - 流动负债的变化额 + 短期借款的变化额 - 固定资产折旧和无形资产摊销额）；$CFO_{i,t-1}$、$CFO_{i,t}$、$CFO_{i,t+1}$分别表示 $i$ 公司第 $t-1$、$t$、$t+1$ 年的经营活动的现金流量净额；$\Delta Rev_{i,t}$表示 $i$ 公司第 $t-1$ 年到第 $t$ 年间营业收入的变化额；$PPE_{i,t}$表示 $i$ 公司第 $t$ 年末的固定资产净额。该公司的所有变量都除以期初总资产进行标准化，以消除规模效应。

（3）盈余平滑度（ES）。盈余平滑度指的是公司应计盈余与现金流的匹配程度。如果应计盈余与现金流之间的相关系数的绝对值较大，说明上市公司高层管理者刻意的对盈余进行过平滑。该指标的目的是探测高层管理者利用其对未来的收益的私有信息，平滑当期利润中暂时性波动的程度。该指标数值越大，说明公司的高层管理者越可能利用私有信息粉饰真实经营业绩，相应地，公司的会计盈余信息质量越低。借鉴 Leuz et al.（2003）等利用的方法，本章利用滞后五期的经过年初总资产标准化的线下项目前利润标准差与经营活动现金净流量标准差的比值度量盈余平滑度。具体的计算如公式 5－7 所示：

$$ES_{i,t} = \sigma(OI_{i,t}/Assets_{i,t-1})/\sigma(CFO_{i,t}/Assets_{i,t-1}) \qquad (5-7)$$

其中：$\sigma$（$OI_{i,t}/Assets_{i,t-1}$）表示 $i$ 公司第 $t-4$ 年至第 $t$ 年间经过年初总资产标准化后的线下项目前利润的标准差，$\sigma$（$CFO_{i,t}/Assets_{i,t-1}$）表示 $i$ 公司第 $t-4$ 年至第 $t$ 年间经每年年初总资产标准化后的经营活动现金净流量的标准差。该指标的值越大，表示公司平滑盈余的程度越轻，相应地，公司的盈余信息质量越高。

（4）盈余信息指数（FAQ）。由于单一指标仅仅从一个方面对盈余信息质量进行度量，而有的公司会综合运用多种手段对盈余进行管理。借鉴曾颖和陆正飞（2006）、Chen et al.（2011）等的方法，构建综合盈余信息质量指标盈余信息质量指数（FAQ），以消除单个指标中测量误差及极端值的偏误。盈余信息质量指数采用简单加权百分位数赋值方法构建。具体思路如下：首先分别将真实盈余信息质量指标（RM）、应计盈余信息质量指标（ACE）和盈余平滑度指标（ES 按从大到小排序，然后赋予每个指标所在位次的百分位数值，最后将所得百分位数值相加求其平均数即为盈余信息质量指数，具体的计算如公式 5－8 所示：

$$FAQ_{i,t} = \frac{D(RE)+D(ACE)+D(ES)}{3} \qquad (5-8)$$

FAQ 的含义为其值越大，表示盈余信息质量越高。

2. 解释变量

解释变量包括高层管理者管理能力（MA）、股权集中度（FSC）、股权制衡度（ER）、产品市场竞争度（COM）、机构投资者持股（ISH）和最终控制人性质，具体衡量方法同4.3.2。

3. 控制变量

本章选取的控制变量包括财务杠杆（Lev）、上市公司年限（Age）、公司规模（Size）、公司发展机会（TobinQ）、亏损状态（Loss）、发展能力（MTB）、总资产收益率（Roa）、营业周期（Opcyle）

表5－1列示了本章每个变量的含义。

**表5－1 主要变量的名称、符号及定义**

| 变量名称 | 变量符号 | 变量定义 |
| --- | --- | --- |
| 盈余信息质量 | RE | 真实盈余信息质量 |
| | ACE | 应计盈余信息质量 |
| | ES | 盈余平滑度 |
| | FAQ | 盈余信息指数 |
| 高层管理者管理能力 | MA | 4.3.2节中公式4－5的残差 |
| 股权集中度 | FSC | 第一大股东持股比例 |
| 股权制衡度 | ER | 第二至第五大股东持股比例之和/第一大股东持股比例 |
| 产品市场竞争度 | COM | 经产业调整后的Lener指数 |
| 机构投资者持股比例 | ISH | 基金公司、券商、保险公司和社保基金持有A股比例之和 |
| 财务杠杆 | Lev | 期末负债总额/期末资产总额 |
| 公司上市年限 | Age | 上市年限的自然对数 |
| 公司规模 | Size | 期末资产总额的自然对数 |
| 公司发展机会 | Q | （每股价格×流通股股份数＋每股净资产×非流通股股份数＋负债账面价值）/年末总资产 |
| 亏损状态 | Loss | 扣除非经常性损益后的净利润小于0为1，否则为0 |

续表

| 变量名称 | 变量符号 | 变量定义 |
|---|---|---|
| 账面市值比 | Mtb | 资产账面价值/市场价值 |
| 总资产收益率 | Roa | 当期净利润/当期期末资产总额 |
| 营业周期 | Opcyle | 营业周期的自然对数 |
| 行业 | Ind | 以农林牧渔业为基准，设置 17 个哑变量 |
| 年度 | Year | 以 2003 年为基期，设置 10 个哑变量 |

### 5.3.3 模型设计

本章在研究中国上市公司高层管理者的管理能力对盈余信息质量的影响时采用多元回归分析方法。

为检验本章提出的假设，本章设计了以下 5 个检验模型：

$$EQ_{i,t} = \alpha_0 + \alpha_1 MA_{i,t-1} + \sum Controls_{i,t-1} + \varepsilon_{i,t} \quad (5-9)$$

$$EQ_{i,t} = \beta_0 + \beta_1 MA_{i,t-1} + \beta_2 MA_{i,t-1} \times FSC_{i,t-1} + \beta_3 FSC_{i,t-1} + \sum Controls_{i,t-1} + \varepsilon_{i,t} \quad (5-10)$$

$$EQ_{i,t} = \beta_0{}' + \beta_1{}' MA_{i,t-1} + \beta_2{}' MA_{i,t-1} \times ER_{i,t-1} + \beta_3{}' ER_{i,t-1} + \sum Controls_{i,t-1} + \varepsilon_{i,t} \quad (5-11)$$

$$EQ_{i,t} = \beta_0{}'' + \beta_1{}'' MA_{i,t-1} + \beta_2{}'' MA_{i,t-1} \times COM_{i,t-1} + \beta_3{}'' COM_{i,t-1} + \sum Controls_{i,t-1} + \varepsilon_{i,t} \quad (5-12)$$

$$EQ_{i,t} = \beta_0{}''' + \beta_1{}''' MA_{i,t-1} + \beta_2{}''' MA_{i,t-1} \times ISH_{i,t-1} + \beta_3{}''' ISH_{i,t-1} + \sum Controls_{i,t-1} + \varepsilon_{i,t} \quad (5-13)$$

为了避免解释变量与被解释变量之间潜在的同期性偏见，解释变量和控制变量均采用滞后一期的指标而被解释变量使用当期的指标进行多元回归。

模型（5-9）是考察公司高层管理者的能力对盈余信息质量的影响，其中 $\alpha_1$ 反映了高层管理者管理能力对盈余信息质量影响的方向和程度。依据本章提出的假设5-1，$\alpha_1$ 应显示为正。

模型（5-10）至模型（5-13）加入了股权集中度、股权制衡度、产品市场竞争度和机构投资者持股比例这些指标，通过标准化后的股权集中度、股权制衡度、产品市场竞争度和机构投资者持股比例与标准化的高层管理者管理能力的交乘项的系数考察它们对公司高层管理者管理能力与盈余信息质量关系的影响。交乘项的系数 $\beta_2$、$\beta_2'$、$\beta_2''$、$\beta_2'''$ 表示的是各个变量是增强还是减弱高层管理者的管理能力对盈余信息质量的影响。如果交乘项的系数与高层管理者管理能力的系数符号相同并且在统计上显著，则说明各个变量增强了高层管理者管理能力对盈余信息质量的影响，否则相反。

## 5.4 实证结果与分析

### 5.4.1 描述性统计和相关性检验

1. 各主要研究变量的描述性统计

表5-2列示了全样本中各主要研究变量的描述性统计结果。从该表可以看出，RE 的最小值是-2.525，最大值是0，均值是-0.153，表明中国上市公司存在运用真实盈余管理调节利润的行为。应计盈余信息质量（ACE）的最小值为-0.341，最大值为-0.04，均值为-0.076，因

为修正 DD 模型残差滞后五期残差的标准差，这表明中国上市公司以应计进行盈余管理的程度还是比较严重的。盈余平滑度（ES）的最小值为 0，最大值为 35.83，均值为 0.874，表明中国上市公司之间盈余平滑度的差异很大。综合来看，由于中国上市公司盈余管理的动机不一，既有正向调整的，也有负向调整的，差异表现比较大。高层管理者的能力（MA）的最小值为 -0.928，最大值为 0.425，均值基本为 0，表明中国上市公司中高层管理者运用资产创造产出的能力差异较大。第一大股东的持股比例（FSC）最大值为 85.23%，最小值为 3.88%，均值为 34.72% 这一方面表明中国上市公司第一大股东持股的比例差别较大，另一方面也表明中国上市公司第一大股东的持股比例平均来说还是比较高的。股权制衡度（ER）的最小值为 0，最大值为 3.923%，均值为 0.538%，表明中国股权的制衡度很低，第二至第五大股东持股的比例之后相较于第一大股东来说基本微不足道，很难发挥制衡的作用。产品市场竞争度（COM）的最大值为 0.912，最小值为 -0.699，最大值为 0.912，均值基本为 0，表明中国上市公司不同行业之间的竞争程度差异很大，这符合中国的市场经济的现实情况，有的行业竞争激烈，有的行业垄断程度较高。机构投资者持股的比例（ISH）最大值为 91.2%，最小值为 0，均值为 6.4%，表明中国资本市场中机构投资者持股比例偏小，规模相对较小。控制变量中资产负债率（Lev）的最大值为 81.2%，最小值为 5.6%，均值为 40.6%，说明中国上市公司运用财务杠杆进行融资的差别较大，平均负债水平较高。亏损状态（Loss）的均值为 18.9%，说明中国上市公司中财务报告中的亏损比例平均不到 20%，总体状况还比较好。账面市值比（Mtb）的最大值为 1.329，最小值为 0.151，均值为 0.679，说明中国上市公司中账面市值比之间的差异很大，溢价水平不一。最终控制人性质 State 的均值为 62.7%，说明中国上市的公司中，国有控股的比例比较高，而非国有的比例相对较低。

**表 5－2　全样本中主要研究变量的描述性统计**

| 变量 | 均值 | 中位数 | 最小值 | 最大值 | 标准差 |
|---|---|---|---|---|---|
| RE | －0. 153 | －0. 109 | －2. 525 | 0. 000 | 0. 159 |
| ACE | －0. 076 | －0. 065 | －0. 341 | －0. 004 | 0. 048 |
| ES | 0. 874 | 0. 573 | 0. 000 | 35. 830 | 1. 130 |
| FAQ | 0. 274 | 0. 275 | 0. 021 | 0. 542 | 0. 100 |
| MA | 0. 0001 | 0. 001 | －0. 928 | 0. 425 | 0. 149 |
| FSC（%） | 36. 969 | 34. 720 | 3. 885 | 85. 232 | 15. 753 |
| ER | 0. 538 | 0. 358 | 0. 000 | 3. 923 | 0. 536 |
| COM | 0. 00003 | 0. 015 | －0. 699 | 0. 912 | 0. 139 |
| ISH | 0. 064 | 0. 019 | 0 | 0. 901 | 0. 100 |
| Lev | 0. 406 | 0. 401 | 0. 056 | 0. 812 | 0. 175 |
| Age | 2. 022 | 2. 197 | 0. 693 | 3. 135 | 0. 612 |
| Size | 21. 633 | 21. 521 | 19. 371 | 24. 656 | 1. 061 |
| Q | 1. 783 | 1. 428 | 0. 810 | 6. 157 | 0. 996 |
| Loss | 0. 189 | 0. 000 | 0. 000 | 1. 000 | 0. 392 |
| Mtb | 0. 679 | 0. 700 | 0. 151 | 1. 329 | 0. 244 |
| Roa | 0. 056 | 0. 051 | －0. 156 | 0. 240 | 0. 058 |
| Opcyle | 5. 006 | 5. 052 | 2. 397 | 7. 375 | 0. 931 |
| State | 0. 627 | 1 | 0 | 1 | 0. 484 |

本章进一步将各主要变量按最终控制权分为国有控股和非国有控股，并在它们之间进行了比较，结果如表 5－3 所示。

从表 5－3 中可以看出，国有控股公司在真实盈余信息质量、应计盈余信息质量的均值和中位数均要大于非国有控股的公司，且两者均在 1% 的水平下，这说明在中国上市公司中，国有控股公司总体的盈余信息质量要明显高于非国有控股公司的盈余质量，但均普遍存在对盈余进行管理的行为；在高层管理者的经营管理能力方面，国有控股公司的均值和中位数也显然低于非国有控股公司，且其差异均在 1% 水平下，这说明二者在运用既定资产进行产出方面存在着显著性差异；在股权集中度、机构投资者持股方面，国有控股公司的均值和中位数明显大于非国有控股公司，且其差异均在 1% 水平下，说明国有控股企业第一大股东和机构投资者的控股比例明显高于非控股企业，机构投资者比较青睐于对国有控股企业的投资，但中国机构投资者的持股比例总体偏低，价值投资的导向不明显；在国权制衡度和产品市场竞争度方面，国有控股公司的均值和中位数明显低于非国有控股公司，且其差异均在 1% 水平下，说明非国有控股公司产品市场竞争的程度相对国有控股公司更激烈。在其他变量方面，非国有控股公司的成长机会、总资产收益率和营业周期要高于国有控股公司，且差异均在 1% 的水平下；国有控股公司的财务杠杆水平、规模和账面市值比要高于非国有控股公司，且差异均在 1% 的水平下。

**表 5-3　国有控股和非国有控股企业相关变量差异比较**

| 变量 | 比较内容 | 非国有控股 | 国有控股 | 差异检验 |
|---|---|---|---|---|
| RE | 均值 | -0.167 | -0.145 | -6.642*** |
|  | 中位数 | -0.113 | -0.107 | -3.246*** |
| ACE | 均值 | -0.083 | -0.073 | -6.427*** |
|  | 中位数 | -0.072 | -0.063 | -6.259*** |
| ES | 均值 | 0.919 | 0.852 | 2.302** |
|  | 中位数 | 0.597 | 0.562 | 2.809*** |
| FAQ | 均值 | 0.270 | 0.275 | -1.552 |
|  | 中位数 | 0.270 | 0.278 | -1.464 |

续表

| 变量 | 比较内容 | 非国有控股 | 国有控股 | 差异检验 |
|---|---|---|---|---|
| MA | 均值 | 0.003 | -0.002 | 1.821** |
| | 中位数 | 0.003 | 0.000 | 1.776** |
| FSC | 均值（%） | 31.770 | 40.070 | -27.351*** |
| | 中位数（%） | 29.243 | 39.307 | -26.698*** |
| ER | 均值（%） | 0.715 | 0.432 | 27.497*** |
| | 中位数（%） | 0.568 | 0.236 | 30.562*** |
| COM | 均值 | 0.022 | -0.013 | 12.997*** |
| | 中位数 | 0.008 | -0.027 | 14.192*** |
| ISH | 均值（%） | 0.061 | 0.066 | -2.518*** |
| | 中位数（%） | 0.017 | 0.020 | -1.962** |
| Lev | 均值 | 0.391 | 0.415 | -6.969*** |
| | 中位数 | 0.387 | 0.409 | -6.591*** |
| Size | 均值 | 21.351 | 21.799 | -21.632*** |
| | 中位数 | 21.272 | 21.661 | -19.928*** |
| Q | 均值 | 1.991 | 1.661 | 16.809*** |
| | 中位数 | 1.583 | 1.345 | 18.174*** |
| Mtb | 均值 | 0.625 | 0.710 | -17.656*** |
| | 中位数 | 0.632 | 0.743 | -18.176*** |
| Roa | 均值 | 0.060 | 0.054 | 8.263*** |
| | 中位数 | 0.056 | 0.049 | 5.962*** |
| Opcyle | 均值 | 5.179 | 4.904 | 16.384*** |
| | 中位数 | 5.236 | 4.926 | 14.975*** |

注：均值差异检验是T检验，中位数差异检验是Wilcoxon秩和检验，差异检验栏报告分别是t值和z值。***、**和*分别表示在1%、5%和10%水平上。检验均为双尾。

2. 各主要变量之间简单相关系数检验

表 5-4 是本章各主要变量之间 Pearson 简单相关系数矩阵。从该表可以看出，盈余信息质量的代理变量真实盈余信息质量 RE 与应计盈余信息质量 ACE 不相关，说明二者从不同的角度衡量了公司盈余信息的质量。除此之外，其他盈余信息质量的代理变量之间均在 1% 的水平上；值得关注的是盈余信息质量的代理变量均与高层管理者的管理能力呈现显著的负相关性，且均在 1% 水平上，说明高层管理者的管理能力与盈余管理的程度显著有正相关关系；此外，盈余信息质量与第一大股东持股比例、股权制衡及机构投资者持股均呈现显著的负相关性，与产品市场竞争度呈现显著的正相关性，说明盈余信息质量受到这些因素的影响；而高层管理者的管理能力也与第一大股东持股比例、产品市场竞争度及机构投资者持股明显相关，说明它们均对高层管理者管理能力的发挥有显著影响。控制变量方面，盈余信息质量与公司的杠杆水平、公司的规模、公司的发展机会、公司的资产负债率、账面市值比、亏损状态、经营周期、总资产收益率明显相关，说明选取这些作为控制变量是合适的。另外，选取变量两两之间相关系数最大值为 0.519，所以本章主要变量之间不存在很强的共线性。

### 5.4.2 多元回归结果与分析

1. 模型 (5-9) 的回归结果与分析

表 5-5 列示了高层管理者管理能力与盈余信息质量的回归结果。在表中，分列了全样本、国有控股样本和非国有控股样本的回归，表中 (1)、(2)、(3)、(4) 分别是盈余信息质量的四个代理变量为被解释变量的回归结果。从全样本的回归结果来看，不论是真实盈余信息质量 RE、应计盈余信息质量 ACE、盈余平滑度 ES，还是盈余信息指数 FAQ

表5-4 各主要变量间 Person 相关系数表

| | RE | ACE | ES | FAQ | MA | FSC | ER | COM | ISH | Lev | Size | Q | Loss | Mtb | Roa |
|---|---|---|---|---|---|---|---|---|---|---|---|---|---|---|---|
| RE | 1 | — | — | — | — | — | — | — | — | — | — | — | — | — | — |
| ACE | 0.018 | 1 | — | — | — | — | — | — | — | — | — | — | — | — | — |
| ES | 0.055*** | -0.074*** | 1 | — | — | — | — | — | — | — | — | — | — | — | — |
| FAQ | 0.620*** | 0.550*** | 0.563*** | 1 | — | — | — | — | — | — | — | — | — | — | — |
| MA | -0.177*** | -0.043*** | -0.053*** | -0.168*** | 1 | — | — | — | — | — | — | — | — | — | — |
| FSC | -0.021** | 0.003 | -0.022** | -0.041*** | 0.079*** | 1 | — | — | — | — | — | — | — | — | — |
| ER | -0.027*** | -0.023* | 0.017 | -0.003 | 0.00 1 | -0.652*** | 1 | — | — | — | — | — | — | — | — |
| COM | 0.156*** | 0.021 | -0.034*** | 0.066*** | -0.105*** | 0.026*** | -0.120*** | 1 | — | — | — | — | — | — | — |
| ISH | -0.237*** | 0.090*** | -0.031*** | -0.104*** | 0.124*** | 0.003 | 0.069*** | -0.214*** | 1 | — | — | — | — | — | — |
| Lev | -0.054*** | -0.049*** | -0.101*** | -0.121*** | -0.024** | -0.029*** | -0.056*** | 0.300*** | -0.055*** | 1 | — | — | — | — | — |
| Size | -0.053*** | 0.114*** | -0.047*** | -0.001 | -0.001 | 0.232*** | -0.196*** | 0.065*** | 0.239*** | 0.149*** | 1 | — | — | — | — |
| Q | -0.191*** | -0.065*** | 0.080*** | -0.087*** | 0.122*** | -0.168*** | 0.097*** | -0.225*** | 0.238*** | -0.197*** | -0.269*** | 1 | — | — | — |
| Loss | 0.072*** | -0.101*** | 0.121*** | 0.059*** | -0.192*** | -0.117*** | 0.002 | 0.261*** | -0.219*** | 0.187*** | -0.144*** | -0.030*** | 1 | — | — |
| Mtb | 0.169*** | 0.040*** | -0.085*** | 0.057*** | -0.094*** | 0.205*** | -0.112*** | 0.200*** | -0.242*** | 0.180*** | 0.292*** | -0.864*** | 0.052*** | 1 | — |
| Roa | -0.252*** | 0.046*** | -0.028** | -0.119*** | 0.279*** | 0.094*** | 0.020** | -0.397*** | 0.402*** | -0.254*** | 0.158*** | 0.286*** | -0.519*** | -0.277*** | 1 |
| Opc | 0.034*** | -0.016 | 0.002 | -0.002 | -0.052*** | -0.094*** | 0.071*** | -0.239*** | -0.095*** | 0.033*** | -0.169*** | 0.019** | 0.095*** | -0.02 | -0.163*** |

注：***、**和*分别表示在1%、5%和10%水平上。检验均为双尾。

**表 5－5 高层管理者管理能力与盈余信息质量的回归结果**

| 变量 | 全样本 | | | | 国有控股公司 | | | | 非国有控股公司 | | | |
|---|---|---|---|---|---|---|---|---|---|---|---|---|
| | (1) | (2) | (3) | (4) | (1) | (2) | (3) | (4) | (1) | (2) | (3) | (4) |
| | RE | ACE | ES | FAQ | RE | ACE | ES | FAQ | RE | ACE | ES | FAQ |
| Constant | 0.058 | -0.023 | -0.140*** | -1.119*** | -0.052 | 0.023 | -0.112*** | -0.667** | 0.398*** | -0.044 | -0.204*** | -1.880*** |
| | (1.24) | (-0.96) | (-16.28) | (-4.80) | (-0.96) | (0.84) | (-9.94) | (-2.35) | (4.11) | (-0.94) | (-17.31) | (-4.66) |
| MAi, t-1 | -0.096*** | -0.036*** | -0.014*** | -0.524*** | -0.089*** | -0.034*** | -0.010*** | -0.455*** | -0.129*** | -0.042*** | -0.016*** | -0.608*** |
| | (-8.80) | (-6.35) | (-7.06) | (-11.19) | (-7.35) | (-5.19) | (-4.93) | (-8.21) | (-5.96) | (-3.99) | (-4.38) | (-6.86) |
| Lev i, t-1 | -0.103*** | -0.026*** | 0.002 | -0.255*** | -0.111*** | -0.020*** | 0.001 | -0.236*** | -0.101*** | -0.036*** | 0.005* | -0.291*** |
| | (-10.35) | (-4.86) | (1.62) | (-6.93) | (-9.67) | (-3.35) | (1.19) | (-5.77) | (-5.19) | (-3.42) | (1.65) | (-3.79) |
| Age i, t-1 | 0.021*** | -0.008*** | -0.002*** | -0.057*** | 0.006* | -0.010*** | -0.002*** | -0.103*** | 0.034*** | -0.007 | -0.002** | 0.028 |
| | (6.93) | (-3.15) | (-5.04) | (-3.12) | (1.65) | (-3.29) | (-4.02) | (-4.71) | (6.17) | (-1.59) | (-2.31) | (0.73) |
| Size i, t-1 | -0.007*** | -0.000 | 0.007*** | 0.085*** | -0.001 | -0.002* | 0.006*** | 0.068*** | -0.023*** | -0.001 | 0.010*** | 0.112*** |
| | (-3.48) | (-0.42) | (22.00) | (9.69) | (-0.61) | (-1.89) | (14.94) | (6.26) | (-5.35) | (-0.39) | (19.10) | (6.75) |
| Q i, t-1 | -0.024*** | -0.006*** | -0.003*** | -0.116*** | -0.024*** | -0.004** | -0.004*** | -0.122*** | -0.027*** | -0.006** | -0.001 | -0.095*** |
| | (-4.83) | (-3.56) | (-3.96) | (-7.05) | (-3.97) | (-2.02) | (-3.06) | (-4.82) | (-3.49) | (-2.11) | (-1.08) | (-4.23) |

续表

| 变量 | 全样本 | | | | 国有控股公司 | | | | 非国有控股公司 | | | |
|---|---|---|---|---|---|---|---|---|---|---|---|---|
| | (1) | (2) | (3) | (4) | (1) | (2) | (3) | (4) | (1) | (2) | (3) | (4) |
| | RE | ACE | ES | FAQ | RE | ACE | ES | FAQ | RE | ACE | ES | FAQ |
| Loss i，t-1 | -0.018*** | -0.011*** | -0.001** | -0.092*** | -0.014*** | -0.008*** | -0.001* | -0.068*** | -0.027*** | -0.019*** | -0.002** | -0.138*** |
| | (-4.03) | (-4.46) | (-2.50) | (-5.50) | (-2.80) | (-2.83) | (-1.75) | (-3.43) | (-3.08) | (-4.01) | (-2.13) | (-4.44) |
| Mtb i，t-1 | 0.006 | -0.021** | -0.004** | -0.224*** | -0.004 | -0.014 | -0.006* | -0.196** | 0.016 | -0.018 | -0.000 | -0.198** |
| | (0.35) | (-2.55) | (-2.03) | (-3.77) | (-0.20) | (-1.43) | (-1.92) | (-2.47) | (0.59) | (-1.33) | (-0.04) | (-2.08) |
| Roa i，t-1 | -0.438*** | 0.022 | 0.024*** | -0.192 | -0.376*** | 0.043* | 0.022*** | -0.106 | -0.485*** | -0.005 | 0.016* | -0.373 |
| | (-11.60) | (1.17) | (4.26) | (-1.25) | (-8.05) | (1.88) | (2.92) | (-0.52) | (-7.81) | (-0.16) | (1.78) | (-1.57) |
| Opcyle i，t-1 | 0.006*** | -0.002* | -0.002*** | -0.022*** | 0.007*** | -0.006*** | -0.001*** | -0.026** | 0.007 | 0.005*** | -0.003*** | -0.011 |
| | (2.80) | (-1.77) | (-4.25) | (-2.67) | (3.13) | (-4.14) | (-2.83) | (-2.56) | (1.55) | (2.69) | (-3.44) | (-0.81) |
| Ind | Yes | Yes | Yes | Yes | Yes | Yes | Yes | Yes | Yes | Yes | Yes | Yes |
| Year | Yes | Yes | Yes | Yes | Yes | Yes | Yes | Yes | Yes | Yes | Yes | Yes |
| N | 9376 | 5145 | 7996 | 5126 | 5964 | 3515 | 5374 | 3497 | 3412 | 1630 | 2622 | 1629 |
| Adj. R2 | 0.142 | 0.0583 | 0.252 | 0.195 | 0.168 | 0.0715 | 0.253 | 0.173 | 0.125 | 0.0678 | 0.269 | 0.208 |
| F | 39.67 | 10.05 | 47.73 | 28.21 | 32.58 | 8.08 | 39.97 | 17.61 | 11.16 | 4.92 | 20.11 | 12.13 |

注：***、**和*分别表示在1%、5%和10%水平上，括号内为t值。

作为被解释变量时，滞后一期的高层管理者管理能力 MA 的系数均在 1% 水平下明显为负，说明从总体上看，高层管理者的能力与公司的盈余信息质量呈现显著的负相关性，高层管理者的能力越强，公司的盈余信息质量越低，结论并不支持本章提出的假设 5-1。进一步，把全部样本按最终控制人性质划分为国有控股公司和非国有控股公司。在国有控股公司和非国有控股公司的子样本中，高层管理者管理能力与盈余信息质量的系数均值 1% 水平下明显为负，说明不论上市公司的最终控制人性质如何，管理能力高的高层管理者相较于能力低的高层管理者会对公司的盈余进行更大程度的管理。从回归的结果看，负债水平与真实盈余信息质量和应计盈余信息质量明显负相关，说明样本中负债并不能对盈余管理起到很好的抑制作用；亏损状态 Loss 与盈余信息质量所有代理变量均呈现显著的负相关性，说明处于亏损状态的公司更易于对公司的盈余进行管理；资产回报率 Roa 与公司真实盈余信息质量明显负相关，而与应计盈余管理明显正相关，说明资产回报率高的公司更多的采用真实盈余管理的手段，而采用应计进行盈余管理相对较少。回归结果表明，在中国新兴加转轨的资本市场中，在高层管理者的声誉、职业前景和薪酬合约等激励高层管理者披露较高质量盈余信息的这些因素的作用可能十分有限的情况下，高层管理者管理能力并没有提高公司的盈余信息质量，而是降低了公司的盈余信息质量，高层管理者管理能力对盈余信息质量的改善作用需要一定的制度环境作为保障。

2. 模型（5-10）的回归结果与分析

表 5-6 列示了第一大股东持股比例、高层管理者管理能力与盈余信息质量的回归结果。从表 5-6 可以发现，当样本为全样本时，不论是真实盈余信息质量 RE、应计盈余信息质量 ACE、盈余平滑度 ES、还是盈余信息指数，滞后一期的高层管理者管理能力 MA 的系数均在 1% 水平下显

表 5-6　第一大股东持股比例、高层管理者管理能力与盈余信息质量的回归结果

| 变量 | 全样本 | | | | 国有控股公司 | | | | 非国有控股公司 | | | |
|---|---|---|---|---|---|---|---|---|---|---|---|---|
| | (1) | (2) | (3) | (4) | (1) | (2) | (3) | (4) | (1) | (2) | (3) | (4) |
| | RE | ACE | ES | FAQ | RE | ACE | ES | FAQ | RE | ACE | ES | FAQ |
| Constant | 0.048 | -0.039 | -0.143*** | -1.291*** | -0.069 | 0.007 | -0.115*** | -0.823*** | 0.368*** | -0.060 | -0.205*** | -2.014*** |
| | (0.98) | (-1.64) | (-17.05) | (-5.68) | (-1.27) | (0.24) | (-10.46) | (-2.97) | (3.80) | (-1.29) | (-17.11) | (-4.97) |
| MAi, t-1 | -0.014*** | -0.005*** | -0.002*** | -0.077*** | -0.013*** | -0.005*** | -0.001*** | -0.063*** | -0.022*** | -0.006*** | -0.002*** | -0.094*** |
| | (-8.60) | (-6.21) | (-6.99) | (-10.94) | (-7.30) | (-4.70) | (-4.54) | (-7.78) | (-5.99) | (-3.20) | (-3.03) | (-5.49) |
| MAi, t-1* FSCi, t-1 | -0.001 | -0.012 | -0.001 | -0.135** | -0.024 | -0.021** | -0.008*** | -0.201*** | -0.079** | -0.008 | 0.008 | -0.141 |
| | (-0.08) | (-1.40) | (-0.26) | (-2.00) | (-1.35) | (-2.23) | (-3.21) | (-2.68) | (-2.35) | (-0.41) | (1.62) | (-0.88) |
| FSCi, t-1 | -0.004** | -0.004*** | -0.001*** | -0.041*** | -0.004** | -0.004*** | -0.001*** | -0.042*** | -0.009*** | -0.009*** | -0.001** | -0.078*** |
| | (-2.24) | (-4.12) | (-2.99) | (-6.31) | (-2.15) | (-3.86) | (-3.14) | (-5.70) | (-2.84) | (-4.59) | (-2.27) | (-5.49) |
| Lev i, t-1 | -0.105*** | -0.027*** | 0.002 | -0.272*** | -0.111*** | -0.023*** | 0.001 | -0.265*** | -0.102*** | -0.034*** | 0.005 * | -0.274*** |
| | (-10.38) | (-5.16) | (1.39) | (-7.37) | (-9.61) | (-3.85) | (0.49) | (-6.39) | (-5.21) | (-3.27) | (1.67) | (-3.61) |
| Age i, t-1 | 0.020*** | -0.009*** | -0.002*** | -0.075*** | 0.005 | -0.012*** | -0.002*** | -0.124*** | 0.031*** | -0.011** | -0.002*** | -0.003 |
| | (6.47) | (-3.73) | (-5.40) | (-4.02) | (1.21) | (-3.85) | (-4.27) | (-5.60) | (5.60) | (-2.45) | (-2.84) | (-0.09) |
| Size i, t-1 | -0.006*** | 0.0003 | 0.007*** | 0.095*** | -0.000 | -0.001 | 0.006*** | 0.077*** | -0.021*** | 0.000 | 0.010*** | 0.120*** |
| | (-2.88) | (0.48) | (22.97) | (10.96) | (-0.19) | (-1.08) | (15.47) | (7.21) | (-4.87) | (0.01) | (18.82) | (7.15) |

续表

| 变量 | 全样本 | | | | 国有控股公司 | | | | 非国有控股公司 | | | |
|---|---|---|---|---|---|---|---|---|---|---|---|---|
| | (1) | (2) | (3) | (4) | (1) | (2) | (3) | (4) | (1) | (2) | (3) | (4) |
| | RE | ACE | ES | FAQ | RE | ACE | ES | FAQ | RE | ACE | ES | FAQ |
| Q i, t-1 | -0.024*** | -0.006*** | -0.003*** | -0.117*** | -0.024*** | -0.004* | -0.004*** | -0.118*** | -0.028*** | -0.006** | -0.001 | -0.100*** |
| | (-4.82) | (-3.59) | (-3.95) | (-7.13) | (-3.93) | (-1.82) | (-3.04) | (-4.74) | (-3.64) | (-2.32) | (-1.00) | (-4.54) |
| Loss i, t-1 | -0.018*** | -0.011*** | -0.001** | -0.092*** | -0.014*** | -0.008*** | -0.001* | -0.067*** | -0.026*** | -0.019*** | -0.002** | -0.141*** |
| | (-4.05) | (-4.46) | (-2.53) | (-5.53) | (-2.82) | (-2.80) | (-1.74) | (-3.42) | (-3.08) | (-4.08) | (-2.15) | (-4.56) |
| VMtb i, t-1 | 0.008 | -0.019** | -0.004* | -0.209*** | -0.002 | -0.011 | -0.005* | -0.167** | 0.016 | -0.015 | 0.000 | -0.176* |
| | (0.44) | (-2.38) | (-1.93) | (-3.54) | (-0.08) | (-1.14) | (-1.83) | (-2.14) | (0.58) | (-1.11) | (0.12) | (-1.84) |
| Roa i, t-1 | -0.436*** | 0.024 | 0.024*** | -0.171 | -0.372*** | 0.046** | 0.022*** | -0.069 | -0.480*** | 0.002 | 0.017* | -0.316 |
| | (-11.56) | (1.26) | (4.29) | (-1.12) | (-7.95) | (2.01) | (2.90) | (-0.34) | (-7.72) | (0.08) | (1.89) | (-1.31) |
| Opcyle i, t-1 | 0.006*** | -0.002* | -0.002*** | -0.023*** | 0.007*** | -0.006*** | -0.001*** | -0.026*** | 0.006 | 0.005** | -0.003*** | -0.014 |
| | (2.64) | (-1.92) | (-4.36) | (-2.88) | (2.96) | (-4.17) | (-2.93) | (-2.63) | (1.44) | (2.56) | (-3.44) | (-1.05) |
| Ind | Yes | Yes | Yes | Yes | Yes | Yes | Yes | Yes | Yes | Yes | Yes | Yes |
| Year | Yes | Yes | Yes | Yes | Yes | Yes | Yes | Yes | Yes | Yes | Yes | Yes |
| N | 9376 | 5145 | 7996 | 5126 | 5964 | 3515 | 5374 | 3497 | 3412 | 1630 | 2622 | 1629 |
| Adj. R2 | 0.143 | 0.0615 | 0.253 | 0.202 | 0.168 | 0.0764 | 0.258 | 0.183 | 0.128 | 0.0814 | 0.270 | 0.222 |
| F | 37.58 | 9.73 | 45.49 | 27.02 | 31.07 | 7.88 | 38.17 | 17.05 | 10.92 | 5.02 | 19.14 | 12.15 |

注：***、**和*分别表示在1%、5%和10%水平上，括号内为t值。

著为负，说明管理能力强的公司高层管理者提供的盈余信息质量明显较低。第一大股东持股比例与高层管理者管理能力的交乘项均为负，但除被解释变量为盈余信息指数时是在5%水平下明显为负外，其他均不明显，说明在中国上市公司“一股独大”现象比较普遍的资本市场中，第一大股东没有起到监督高层管理者盈余管理行为，抑制管理能力强的高层管理者报告较差盈余信息质量的现象，而是进一步加强了高层管理者管理能力与盈余信息质量的负相关性，结论支持假设5-2。按最终控制人性质分组进一步研究发现，无论是国有控股公司还是非国有控股公司，高层管理者的管理能力与公司盈余信息质量均在1%水平下，并明显为负，说明中国上市公司管理能力强的高层管理者报告的盈余信息质量更差是稳定的。但通过比较可以发现，高层管理者管理能力与股权集中度的交乘项在国有控股公司除真实盈余信息质量为负但不明显以外，其他均明显为负，而在非国有控股公司中除真实盈余信息质量在1%水平下为负外，其他均不明显。说明相比非国有控股公司，国有控股公司股权集中度的提高进一步增强了能力强的管理者披露更低质量盈余信息趋势。在相关变量差异比较中可以明显看出，国有控股公司的股权集中度无论是均值和中位数均明显大于非国有控股公司，均值为40.07%，存在“一股独大”现象。在“一股独大”的国有控股公司，由于委托层次较多，关系复杂，造成监督的动力不足，所有权约束的功能比较低效，使得能力越强的高层管理者掌控公司实质性经营决策权越大，甚至居于公司权力结构的核心地位，这进一步加大了公司高层管理者通过公司决策和行为的管理追逐自身利益的便利和条件。而在非国有控股公司中，委托代理的链条相对较短，大股东监督的动力较充分，但随着股权集中度的增加，大股东与高层管理者合谋通过盈余管理等行为侵占中小股东利益的动机增强。从控制变量看，负债水平与盈余信息质量基本明显负相关，说明负债水平的增加没有提高盈余信息质量，反而使公司的盈余信息质量下降；公司上市年限越长反而使盈余信息质量下降，两者呈显著的负相关关系；公司规模的扩大显著地提高了公司的盈余信息质量；公司发展机会、盈亏状态和营业周期与盈余信息质量明显负相关，特别是国有控股公司尤其显著，说明三者均明显地降低了公司的盈余信息质量。

3. 模型（5-11）的回归结果与分析

表5-7列示了股权制衡度、高层管理者管理能力与盈余信息质量的回归结果。从表5-7可以发现，当样本为全样本时，MA的系数均在1%的水平上明显为负。股权制衡度与高层管理者管理能力的交乘项虽然为正，但均不明显，说明在总体上，中国上市公司的股权制衡结构虽然能减弱高层管理者管理能力与盈余信息质量的负向关系，但制衡作用较弱，结论不支持假设5-3。按最终控制人性质分组进一步研究发现，无论在国有控股公司还是非国有控股公司，MA的系数均在1%水平上明显为负。高层管理者管理能力与股权制衡度的交乘项在国有控股公司被解释变量为RE在10%水平上明显为正，被解释变量为ACE时系数在5%水平上显著为正，而被解释变量为ES和FAQ时系数在1%水平上明显为正，说明股权制衡度能显著减弱高层管理者管理能力与盈余信息质量的负相关关系，结论支持假设5-3。这与王化成和佟岩（2006）研究发现，股权制衡度能提升公司的盈余信息质量结论一致。而在非国有控股公司，除被解释变量为ES时交乘项系数显著为正以外，其他系数虽然为正，但均不明显，说明股权制衡结构不能明显减弱高层管理者管理能力与盈余信息质量的负向关系，结论不支持假设5-3。这与朱红军和汪辉（2004）的研究结果相似。究其原因，中国国有控股公司股权高度集中，随着股权制衡度的增加，股东对高层管理者的监督增加，可以在一定程度上抑制经理人道德风险和逆向选择等不利于股东利益的行为，减

表 5－7　股权制衡度、高层管理者管理能力与盈余信息质量的回归结果

| 变量 | 全样本 | | | | 国有控股公司 | | | | 非国有控股公司 | | | |
|---|---|---|---|---|---|---|---|---|---|---|---|---|
| | (1) | (2) | (3) | (4) | (1) | (2) | (3) | (4) | (1) | (2) | (3) | (4) |
| | RE | ACE | ES | FAQ | RE | ACE | ES | FAQ | RE | ACE | ES | FAQ |
| Constant | 0.053 | -0.018 | -0.138*** | -1.103*** | -0.059 | 0.025 | -0.112*** | -0.692** | 0.387*** | -0.052 | -0.201*** | -1.929*** |
| | (1.13) | (-0.77) | (-16.23) | (-4.96) | (-1.10) | (0.92) | (-10.03) | (-2.36) | (3.98) | (-1.11) | (-17.01) | (-4.78) |
| MAi, t-1 | -0.014*** | -0.005*** | -0.002*** | -0.079*** | -0.014*** | -0.005*** | -0.001*** | -0.065*** | -0.020*** | -0.007*** | -0.002*** | -0.094*** |
| | (-8.68) | (-6.42) | (-7.14) | (-11.23) | (-7.54) | (-4.76) | (-4.64) | (-7.88) | (-5.76) | (-4.06) | (-4.15) | (-6.59) |
| MAi, t-1* ERi, t-1 | 0.018 | 0.010 | 0.004 | 0.085 | 0.032* | 0.024** | 0.007*** | 0.210*** | 0.024 | 0.011 | 0.012** | 0.078 |
| | (1.24) | (1.29) | (1.11) | (1.37) | (1.69) | (2.49) | (3.25) | (2.87) | (0.99) | (0.72) | (2.21) | (0.70) |
| ERi, t-1 | 0.002 | -0.001 | -0.001** | 0.005 | 0.003 | -0.002 | -0.000 | 0.002 | 0.005* | 0.004** | -0.001** | 0.029*** |
| | (1.45) | (-1.06) | (-2.57) | (0.85) | (1.54) | (-1.50) | (-0.39) | (0.29) | (1.89) | (2.53) | (-2.35) | (2.68) |
| Lev i, t-1 | -0.103*** | -0.026*** | 0.002* | -0.259*** | -0.111*** | -0.020*** | 0.001 | -0.247*** | -0.100*** | -0.035*** | 0.004 | -0.276*** |
| | (-10.32) | (-4.85) | (1.66) | (-6.94) | (-9.61) | (-3.34) | (0.99) | (-5.91) | (-5.14) | (-3.22) | (1.48) | (-3.56) |
| Age i, t-1 | 0.022*** | -0.008*** | -0.002*** | -0.057*** | 0.007* | -0.010*** | -0.002*** | -0.104*** | 0.035*** | -0.006 | -0.002** | 0.032 |
| | (7.07) | (-3.12) | (-5.15) | (-3.05) | (1.78) | (-3.23) | (-4.15) | (-4.70) | (6.28) | (-1.43) | (-2.52) | (0.82) |
| Size i, t-1 | -0.006*** | -0.001 | 0.007*** | 0.088*** | -0.001 | -0.002** | 0.006*** | 0.068*** | -0.022*** | -0.001 | 0.010*** | 0.114*** |
| | (-3.21) | (-0.54) | (22.26) | (9.90) | (-0.49) | (-2.10) | (15.01) | (6.21) | (-5.20) | (-0.32) | (19.07) | (6.83) |

续表

| 变量 | 全样本 | | | | 国有控股公司 | | | | 非国有控股公司 | | | |
|---|---|---|---|---|---|---|---|---|---|---|---|---|
| | (1) | (2) | (3) | (4) | (1) | (2) | (3) | (4) | (1) | (2) | (3) | (4) |
| | RE | ACE | ES | FAQ | RE | ACE | ES | FAQ | RE | ACE | ES | FAQ |
| Q i, t-1 | -0.024*** | -0.006*** | -0.003*** | -0.117*** | -0.024*** | -0.004* | -0.004*** | -0.121*** | -0.028*** | -0.006** | -0.001 | -0.097*** |
| | (-4.84) | (-3.45) | (-3.91) | (-7.05) | (-3.97) | (-1.88) | (-3.04) | (-4.77) | (-3.53) | (-2.29) | (-0.88) | (-4.34) |
| Loss i, t-1 | -0.017*** | -0.011*** | -0.001** | -0.094*** | -0.014*** | -0.008*** | -0.001* | -0.071*** | -0.027*** | -0.019*** | -0.002* | -0.141*** |
| | (-4.03) | (-4.46) | (-2.43) | (-5.61) | (-2.79) | (-2.83) | (-1.81) | (-3.51) | (-3.11) | (-4.08) | (-1.94) | (-4.53) |
| Mtb i, t-1 | 0.006 | -0.020** | -0.004** | -0.224*** | -0.003 | -0.013 | -0.005* | -0.187** | 0.016 | -0.018 | 0.000 | -0.191** |
| | (0.35) | (-2.46) | (-2.06) | (-3.74) | (-0.14) | (-1.28) | (-1.91) | (-2.33) | (0.60) | (-1.30) | (0.03) | (-1.99) |
| Roa i, t-1 | -0.439*** | 0.021 | 0.025*** | -0.204 | -0.373*** | 0.041* | 0.021*** | -0.108 | -0.489*** | -0.008 | 0.018** | -0.412* |
| | (-11.62) | (1.12) | (4.37) | (-1.33) | (-7.93) | (1.75) | (2.83) | (-0.52) | (-7.92) | (-0.26) | (1.97) | (-1.73) |
| Opcyle i, t-1 | 0.006*** | -0.002* | -0.001*** | -0.022*** | 0.007*** | -0.006*** | -0.001*** | -0.027** | 0.007 | 0.005*** | -0.003*** | -0.012 |
| | (2.71) | (-1.81) | (-4.23) | (-2.70) | (3.16) | (-4.25) | (-2.83) | (-2.56) | (1.54) | (2.60) | (-3.45) | (-0.88) |
| Ind | Yes | Yes | Yes | Yes | Yes | Yes | Yes | Yes | Yes | Yes | Yes | Yes |
| Year | Yes | Yes | Yes | Yes | Yes | Yes | Yes | Yes | Yes | Yes | Yes | Yes |
| N | 9376 | 5145 | 7996 | 5126 | 5964 | 3515 | 5374 | 3497 | 3412 | 1630 | 2622 | 1629 |
| Adj. R2 | 0.142 | 0.059 | 0.253 | 0.195 | 0.168 | 0.073 | 0.255 | 0.175 | 0.126 | 0.0701 | 0.273 | 0.210 |
| F | 37.59 | 9.56 | 45.23 | 26.58 | 30.98 | 7.71 | 38.64 | 16.67 | 10.67 | 4.72 | 19.19 | 11.59 |

注：***、**和*分别表示在1%、5%和10%水平上，括号内为t值。

少高层管理者操纵盈余信息质量的几率与能力；而非国有控股公司股权相对集中，不存在绝对控股的股东，这样通过内部牵制，达到相互监督制衡的作用。

4. 模型（5－12）的回归结果与分析

表5－8列示了产品市场竞争程度、高层管理者管理能力与盈余信息质量的回归结果。从表5－8可以发现，当样本为全样本时，MA的系数均在1%的水平上明显为负。产品市场竞争度与高层管理者管理能力的交乘项系数当被解释变量为RE和FAQ时均为正，且在1%水平上，而当被解释变量为ACE和ES时虽都为正，但不明显，说明在总体上，中国上市公司的产品市场竞争度能明显减弱高层管理者的管理能力与盈余信息质量的负向关系，结论支持假设5－4。按最终控制人性质分组进一步研究发现，无论在国有控股公司还是非国有控股公司，MA的系数均在1%水平上明显为负。在国有控股公司的子样本中，高层管理者管理能力与产品市场竞争度的交乘项系数在被解释变量为RE和FAQ时在1%水平上明显为正，被解释变量为ACE和ES时交乘项系数虽为正，但均不明显，说明产品市场竞争度能减弱高层管理者管理能力与盈余信息质量的负相关系，结论支持假设5－4。而在非国有控股公司的子样本中，除被解释变量为RE时交乘项系数在1%水平上明显为正以外，其他系数虽然为正，但均不明显，说明产品市场竞争度能减弱高层管理者管理能力与盈余信息质量的负相关系，但不是很明显，结论并不支持假设5－4。究其原因，中国国有控股公司所在行业垄断程度相对较大，产品的市场竞争程度相对较低，随着产品市场竞争程度的增加，对国有控股公司信息的获取和比较变得越来越容易，这样就迫使管理者不得不提高公司的盈余信息质量；而非国有控股公司所从事的产品竞争较为充分，垄断程度较弱。

表5-8 产品市场竞争度、高层管理者管理能力与盈余信息质量的回归结果

| 变量 | 全样本 | | | | 国有控股公司 | | | | 非国有控股公司 | | | |
|---|---|---|---|---|---|---|---|---|---|---|---|---|
| | (1) | (2) | (3) | (4) | (1) | (2) | (3) | (4) | (1) | (2) | (3) | (4) |
| | RE | ACE | ES | FAQ | RE | ACE | ES | FAQ | RE | ACE | ES | FAQ |
| Constant | 0.025 | -0.015 | -0.140*** | -1.117*** | -0.081 | 0.027 | -0.111*** | -0.708** | 0.361*** | -0.049 | -0.204*** | -1.916*** |
| | (0.54) | (-0.66) | (-16.76) | (-5.05) | (-1.52) | (0.97) | (-10.11) | (-2.44) | (3.82) | (-1.06) | (-17.36) | (-4.75) |
| MAi, t-1 | -0.090*** | -0.014*** | -0.005*** | -0.002*** | -0.080*** | -0.014*** | -0.005*** | -0.001*** | -0.071*** | -0.018*** | -0.006*** | -0.002*** |
| | (-8.62) | (-6.40) | (-6.97) | (-11.33) | (-7.51) | (-5.27) | (-4.97) | (-8.50) | (-5.45) | (-4.02) | (-4.63) | (-6.83) |
| MAi, t-1 * COMi, t-1 | 0.117 | 0.098*** | 0.007 | 0.004 | 0.179*** | 0.088*** | 0.003 | 0.000 | 0.203*** | 0.090*** | 0.008 | 0.008 |
| | (5.46) | (0.98) | (0.83) | (2.86) | (4.79) | (0.31) | (0.03) | (2.63) | (2.80) | (0.67) | (0.87) | (1.11) |
| COMi, t-1 | 0.014*** | 0.002 | 0.001* | 0.025*** | -0.0001 | 0.005*** | 0.0001 | 0.036*** | 0.035*** | -0.004** | 0.0001 | 0.007 |
| | (5.11) | (1.48) | (1.87) | (2.89) | (-0.18) | (4.11) | (1.31) | (3.48) | (6.99) | (-2.07) | (0.96) | (0.49) |
| Lev i, t-1 | -0.127*** | -0.027*** | 0.001 | -0.291*** | -0.117*** | -0.024*** | 0.001 | -0.286*** | -0.158*** | -0.032*** | 0.004 | -0.299*** |
| | (-12.45) | (-4.91) | (0.90) | (-7.58) | (-10.02) | (-3.94) | (0.74) | (-6.71) | (-7.89) | (-2.92) | (1.31) | (-3.77) |
| Age i, t-1 | 0.019*** | -0.007*** | -0.002*** | -0.059*** | 0.006 | -0.011*** | -0.002*** | -0.105*** | 0.032*** | -0.007 | -0.002** | 0.024 |
| | (6.49) | (-3.08) | (-5.04) | (-3.17) | (1.53) | (-3.38) | (-4.13) | (-4.81) | (5.99) | (-1.57) | (-2.32) | (0.62) |
| Size i, t-1 | -0.006*** | -0.001 | 0.007*** | 0.086*** | -0.001 | -0.002* | 0.006*** | 0.068*** | -0.024*** | -0.001 | 0.010*** | 0.111*** |
| | (-3.16) | (-0.53) | (22.03) | (9.61) | (-0.45) | (-1.90) | (15.11) | (6.19) | (-5.77) | (-0.29) | (19.07) | (6.68) |

续表

| 变量 | 全样本 | | | | 国有控股公司 | | | | 非国有控股公司 | | | |
|---|---|---|---|---|---|---|---|---|---|---|---|---|
| | (1) | (2) | (3) | (4) | (1) | (2) | (3) | (4) | (1) | (2) | (3) | (4) |
| | RE | ACE | ES | FAQ | RE | ACE | ES | FAQ | RE | ACE | ES | FAQ |
| Q i, t-1 | -0.020*** | -0.006*** | -0.002*** | -0.109*** | -0.023*** | -0.004* | -0.004*** | -0.116*** | -0.019*** | -0.007** | -0.000 | -0.090*** |
| | (-4.28) | (-3.36) | (-3.75) | (-6.76) | (-3.87) | (-1.71) | (-3.06) | (-4.71) | (-2.64) | (-2.46) | (-0.46) | (-3.95) |
| Loss i, t-1 | -0.016*** | -0.012*** | -0.001** | -0.092*** | -0.010** | -0.009*** | -0.001* | -0.067*** | -0.030*** | -0.018*** | -0.002* | -0.137*** |
| | (-3.50) | (-4.66) | (-2.22) | (-5.35) | (-1.99) | (-3.11) | (-1.86) | (-3.29) | (-3.31) | (-3.81) | (-1.76) | (-4.34) |
| Mtb i, t-1 | -0.188** | 0.006 | -0.020** | -0.004* | -0.216*** | -0.002 | -0.015 | -0.006* | -0.196** | 0.013 | -0.019 | 0.000 |
| | (0.35) | (-2.45) | (-1.96) | (-3.62) | (-0.09) | (-1.42) | (-1.96) | (-2.42) | (0.50) | (-1.44) | (0.05) | (-1.98) |
| Roa i, t-1 | -0.336*** | 0.029 | 0.028*** | -0.028 | -0.351*** | 0.070*** | 0.025*** | 0.168 | -0.292*** | -0.024 | 0.020** | -0.344 |
| | (-8.62) | (1.46) | (4.70) | (-0.18) | (-7.60) | (2.83) | (3.39) | (0.80) | (-4.44) | (-0.70) | (2.13) | (-1.34) |
| Opcyle i, t-1 | 0.013*** | -0.002 | -0.001*** | -0.009 | 0.009*** | -0.004*** | -0.001** | -0.010 | 0.023*** | 0.003 | -0.002*** | -0.005 |
| | (5.11) | (-1.29) | (-4.50) | (-1.09) | (3.50) | (-2.75) | (-2.50) | (-0.97) | (4.33) | (1.51) | (-3.99) | (-0.34) |
| Ind | Yes | Yes | Yes | Yes | Yes | Yes | Yes | Yes | Yes | Yes | Yes | Yes |
| Year | Yes | Yes | Yes | Yes | Yes | Yes | Yes | Yes | Yes | Yes | Yes | Yes |
| N | 9376 | 5145 | 7996 | 5126 | 5964 | 3515 | 5374 | 3497 | 3412 | 1630 | 2622 | 1629 |
| Adj. R2 | 0.150 | 0.0583 | 0.254 | 0.197 | 0.172 | 0.0717 | 0.253 | 0.176 | 0.136 | 0.0701 | 0.272 | 0.211 |
| F | 37.89 | 9.66 | 45.14 | 26.96 | 31.2 | 7.79 | 37.91 | 17.01 | 10.76 | 4.73 | 19.05 | 11.72 |

注：***、**和*分别表示在1%、5%和10%水平上，括号内为t值。

表5-9 机构持股者持股、高层管理者管理能力与盈余信息质量的回归结果

| 变量 | 全样本 | | | | 国有控股公司 | | | | 非国有控股公司 | | | |
|---|---|---|---|---|---|---|---|---|---|---|---|---|
| | (1) | (2) | (3) | (4) | (1) | (2) | (3) | (4) | (1) | (2) | (3) | (4) |
| | RE | ACE | ES | FAQ | RE | ACE | ES | FAQ | RE | ACE | ES | FAQ |
| Constant | -0.088* | -0.012 | -0.135*** | -1.224*** | -0.164*** | 0.020 | -0.107*** | -0.802** | 0.153 | -0.022 | -0.198*** | -2.099*** |
| | (-1.84) | (-0.50) | (-13.84) | (-5.04) | (-2.91) | (0.67) | (-8.59) | (-2.48) | (1.52) | (-0.44) | (-15.46) | (-5.04) |
| MAi, t-1 | -0.015*** | -0.005*** | -0.002*** | -0.078*** | -0.014*** | -0.005*** | -0.001*** | -0.069*** | -0.021*** | -0.006*** | -0.002*** | -0.086*** |
| | (-8.75) | (-6.19) | (-7.06) | (-11.20) | (-7.40) | (-5.11) | (-4.94) | (-8.33) | (-5.82) | (-3.66) | (-4.26) | (-6.55) |
| MAi, t-1* ISHi, t-1 | -0.095*** | 0.018** | 0.008*** | 0.023 | -0.069*** | 0.004 | 0.005*** | -0.079 | -0.150*** | 0.050*** | 0.014*** | 0.253* |
| | (-3.88) | (2.45) | (4.29) | (0.36) | (-2.97) | (0.43) | (2.92) | (-1.10) | (-2.63) | (3.54) | (3.09) | (1.84) |
| ISHi, t-1 | -0.146*** | 0.001 | 0.003* | -0.187*** | -0.111*** | -0.004 | 0.004** | -0.117 | -0.215*** | 0.007 | -0.000 | -0.348*** |
| | (-6.64) | (0.10) | (1.67) | (-2.83) | (-4.69) | (-0.35) | (2.00) | (-1.53) | (-4.50) | (0.45) | (-0.02) | (-2.73) |
| Lev i, t-1 | -0.106*** | -0.026*** | 0.002* | -0.257*** | -0.111*** | -0.019*** | 0.001 | -0.238*** | -0.112*** | -0.035*** | 0.005* | -0.288*** |
| | (-10.67) | (-4.78) | (1.72) | (-6.94) | (-9.73) | (-3.24) | (1.17) | (-5.76) | (-5.80) | (-3.28) | (1.77) | (-3.75) |
| Age i, t-1 | 0.019*** | -0.007*** | -0.002*** | -0.061*** | 0.005 | -0.010*** | -0.002*** | -0.103*** | 0.029*** | -0.006 | -0.002** | 0.017 |
| | (6.05) | (-3.03) | (-4.80) | (-3.29) | (1.26) | (-3.17) | (-3.79) | (-4.64) | (5.23) | (-1.28) | (-2.05) | (0.46) |
| Size i, t-1 | 0.001 | -0.001 | 0.007*** | 0.094*** | 0.004* | -0.002* | 0.005*** | 0.074*** | -0.011** | -0.002 | 0.010*** | 0.123*** |
| | (0.51) | (-0.68) | (18.61) | (9.44) | (1.82) | (-1.65) | (12.44) | (5.87) | (-2.38) | (-0.88) | (17.85) | (7.06) |

续表

| 变量 | 全样本 | | | | 国有控股公司 | | | | 非国有控股公司 | | | |
|---|---|---|---|---|---|---|---|---|---|---|---|---|
| | (1) | (2) | (3) | (4) | (1) | (2) | (3) | (4) | (1) | (2) | (3) | (4) |
| | RE | ACE | ES | FAQ | RE | ACE | ES | FAQ | RE | ACE | ES | FAQ |
| Q i, t-1 | -0.022*** | -0.006*** | -0.003*** | -0.115*** | -0.024*** | -0.004* | -0.004*** | -0.122*** | -0.021*** | -0.007** | -0.001 | -0.092*** |
| | (-4.67) | (-3.58) | (-4.11) | (-6.95) | (-4.07) | (-1.95) | (-3.09) | (-4.83) | (-2.81) | (-2.52) | (-1.50) | (-4.13) |
| Loss i, t-1 | -0.015*** | -0.011*** | -0.001*** | -0.095*** | -0.012** | -0.008*** | -0.001* | -0.068*** | -0.022** | -0.021*** | -0.003** | -0.149*** |
| | (-3.53) | (-4.58) | (-2.89) | (-5.65) | (-2.51) | (-2.79) | (-1.94) | (-3.39) | (-2.53) | (-4.37) | (-2.57) | (-4.76) |
| Mtb i, t-1 | -0.022 | -0.019** | -0.004* | -0.256*** | -0.031 | -0.014 | -0.004* | -0.223*** | -0.005 | -0.019 | -0.000 | -0.230** |
| | (-1.30) | (-2.32) | (-1.67) | (-4.25) | (-1.45) | (-1.31) | (-1.65) | (-2.78) | (-0.20) | (-1.40) | (-0.10) | (-2.41) |
| Roa i, t-1 | -0.363*** | 0.020 | 0.021*** | -0.122 | -0.313*** | 0.043* | 0.019** | -0.033 | -0.388*** | -0.011 | 0.014 | -0.285 |
| | (-9.71) | (1.01) | (3.57) | (-0.77) | (-6.71) | (1.81) | (2.47) | (-0.15) | (-6.34) | (-0.35) | (1.38) | (-1.17) |
| Opcyle i, t-1 | 0.006*** | -0.002* | -0.002*** | -0.023*** | 0.007*** | -0.006*** | -0.001*** | -0.027*** | 0.007 | 0.005*** | -0.003*** | -0.009 |
| | (2.78) | (-1.88) | (-4.31) | (-2.79) | (3.18) | (-4.31) | (-2.89) | (-2.63) | (1.62) | (2.77) | (-3.42) | (-0.70) |
| Ind | Yes | Yes | Yes | Yes | Yes | Yes | Yes | Yes | Yes | Yes | Yes | Yes |
| Year | Yes | Yes | Yes | Yes | Yes | Yes | Yes | Yes | Yes | Yes | Yes | Yes |
| N | 9376 | 5145 | 7996 | 5126 | 5964 | 3515 | 5374 | 3497 | 3412 | 1630 | 2622 | 1629 |
| Adj. R2 | 0.154 | 0.0589 | 0.254 | 0.196 | 0.176 | 0.0711 | 0.255 | 0.174 | 0.140 | 0.0730 | 0.272 | 0.212 |
| F | 38.61 | 9.7 | 46.85 | 27.11 | 31.74 | 7.67 | 39.47 | 16.81 | 10.94 | 4.95 | 19.19 | 11.89 |

注：***、**和*分别表示在1%、5%和10%水平上，括号内为t值。

5. 模型（5 - 13）的回归结果与分析

表 5 - 9 列示了机构投资者持股、高层管理者管理能力与盈余信息质量的回归结果。从表 5 - 9 中可以发现，当样本为全样本时，MA 的系数均在 1% 的水平上明显为负。机构投资者持股与高层管理者管理能力的交乘项系数当被解释变量为 RE 时为正，且在 1% 水平上，而当被解释变量为 ACE 和 ES 时都为正，且分别在 5% 和 1% 水平上，说明在总体上，中国上市公司的机构投资者持股能减弱高层管理者管理能力与应计盈余信息质量和盈余平滑度的负相关系，却增强了高层管理者管理能力与真实盈余信息质量的负相关系。按最终控制人性质分组进一步研究发现，无论在国有控股公司还是非国有控股公司，MA 的系数均在 1% 水平上明显为负。在国有控股公司子样本中，高层管理者管理能力与机构投资者持股的交乘项系数在被解释变量为 RE 时在 1% 水平上明显为负，而当被解释变量为 ES 时交乘项系数在 1% 水平上明显为正，说明机构投资者持股能减弱高层管理者管理能力与盈余平滑度的负相关系，却增强了高层管理者管理能力与真实盈余信息质量的负相关系。而在非国有控股公司子样本中，被解释变量为 RE 时交乘项系数在 1% 水平上明显为负，而当被解释变量为 ACE、ES 和 FAQ 时交乘项系数分别在 1%、1% 和 10% 水平上明显为正，说明机构投资者持股能减弱高层管理者管理能力与应计盈余信息质量、盈余平滑度和盈余信息指数的负相关系，却增强了高层管理者管理能力与真实盈余信息质量的负相关系。从总体上说，支持本章提出的假设 5 - 5。

## 5.5 稳健性检验

为了检验本章结果的稳健性，我们进行了如下敏感性测试（限于篇幅，没有报告相应的测试结果）：

1. 重新界定综合盈余信息指数。参照 Biddle et al.（2009）、Chen et al.（2011）的做法，采用综合盈余信息指数（FQ）来衡量盈余信息质量。FQ 的含义为其数值越大，表示盈余信息质量越高。具体方法如下：先分别标准化真实盈余信息质量（RE）、应计盈余信息质量（ACE）和盈余平滑度（ES）三个指标，然后取其平均值作为综合盈余信息质量的代理变量。即：

$$FQ_{i,t}=\frac{Std(RE)+Std(ACE)+Std(ES)}{3} \tag{5-14}$$

公式 5-14 中：$Std(RE)$、$Std(ACE)$、$Std(ES)$ 分别表示标准化的真实盈余管理、应计盈余管理和盈余平滑度。本章采用这种方法重新进行估计，回归结果没有实质性变化，表明上述结论是稳健的。

2. 将样本区间缩减为 2007—2013 年，发现本章的回归结果亦未有显著性变化。

## 5.6 本章小结

1. 本章结合中国资本市场的特点，从理论上分析了高层管理者管理能力对盈余信息质量的影响，并结合中国上市公司普遍存在的“一股独大现象”，分析了大股东、股权制衡度、市场竞争程度、机构投资者对高层管理者管理能力作用于盈余信息质量的影响。首先，本章在理论分析的基础上了提出了高层管理者的管理能力会降低公司的盈余信息质量的假设；其次，在分析第一大股股东的共谋和监督效应基础上提出其持股比例越高，高层管理者的管理能力与盈余信息质量负相关性越大的假设；再次，本章又对股权制衡作用进行了分析，提出股权制衡作用越强，高层管理者的管理能力与盈余信息质量负相关性越小的假设；然后，本章以充分信息假说和破产清算假说为基础对市场竞争程度的作用进行了分析，提出了产品市场竞争程度会减弱高层管理者的管理能力与盈余信息质量负相关的假说；最后结合中国机构投资者持股的现状进行概括和分析，提出了其持股比例越高，高层管理者的管理能力与盈余信息质量的负相关性越小的假设。

2. 本章利用中国沪深两市 A 股 2003—2013 年上市公司的数据，实证检验了高层管理者管理能力对盈余信息质量影响。实证检验结果发现，不论是国有控股公司还是非国有控股公司，高层管理者的管理能力均没有提高公司的盈余信息质量，而是明显降低了公司的盈余信息质量。第一大股东没有起到减弱高层管理者的管理能力与盈余信息质量的负相关性，而是进一步加强了二者之间负相关性；分组后的回归结果显示，这种作用在国有控股公司中显著，而在非国有控股公司中并不显著。中国上市公司的股权制衡度在总体上虽能减弱高层管理者管理能力与盈余信息质量的负向关系，但制衡作用较弱；分组后的回归结果显示，股权制衡度能明显减弱国有控股公司的高层管理者管理能力与盈余信息质量的负相关，而在非国有控股公司却不显著。中国上市公司的产品市场竞争度在总体上能明显减弱高层管理者管理能力与盈余信息质量的负相关系；分组后的回归结果显示，不论是国有控股公司还是非国有控股公司，这种作用均非常显著。中国上市公司的机构投资者持股总体上能显著减弱高层管理者管理能力与应计盈余信息质量和盈余平滑度的负相关系，却增强了高层管理者管理能力与真实盈余信息质量的负相关系；分组后的回归结果显示，这种作用与最终控制人的性质无关。

第6章

# 高层管理者能力、盈余信息质量与资本配置效率的实证检验

第4章和第5章分别用实证检验了中国上市公司高层管理者的管理能力对公司资本配置效率和盈余信息质量的影响。本章在探讨盈余信息质量与资本配置效率关系的基础上进一步深入研究高层管理者的管理能力对二者之间关系的影响。首先，分析了公司盈余信息质量对其资本配置效率产生的影响，提出盈余信息质量的提高能明显抑制公司的过度投资和改善公司的投资不足的假设，其次，进一步分析高层管理者管理能力的不同是否对二者之间关系产生影响，提出了由于高层管理者的管理能力与盈余信息质量负相关，从而其会降低盈余信息质量抑制过度投资和改善投资不足的作用的假设。然后，通过建立实证模型验证了高层管理者的管理能力、盈余信息质量及资本配置效率三者之间的关系。

## 6.1 问题的提出

资本是企业得以生存和发展壮大的重要动力和源泉，是促进国家经济增长必不可少的重要因素。资本配置是资源配置的重要组成部分，其效率的高低对宏观经济的持续健康发展和微观经济主体的成长发展发挥着十分重要的作用。

自从 Berle et al.（1932）以美国高度分散的资本市场为基础研究了股权结构与盈余信息质量之间的关系后，有关二者之间的关系一直是学者们研究的热点问题。后续的研究发现股权结构的高度分散并不是普遍存在的，大多数的资本市场都存在着股权结构的集中问题（Shleifer et al.，1986；Fan 和 Wong，2002 等）。控股股东的存在有可能缓解高层管理者与股东之间的代理冲突，但也会导致新的代理问题，控股股东有可能利用自己的控股地位侵占中小股东的利益（Mock et al. 1988）。股权结构无论是高度分散还是比较集中，高层管理者在很大程度上都是公司资本配置的实际控制人（潘前进和王君彩，2015），都有可能为了自身利益的最大化而使公司的资本配置偏离帕累托最优的状态，产生非效率投资而损害公司及中小股东的利益（何源等，2007）。而基于中国资本市场的实证研究表明，中国上市公司股权集中度较高，内部人控制现象比较严重，非效率投资现象在中国上市公司中普遍存在（张功富、宋献中等，2009）。

根据会计盈余功用理论的观点，会计信息由于具有公司治理和股票定价功能，是缓解公司信息不对称和降低两权分离引起的代理问题的主要机制之一。Healy 和 Palepu（2001）、Biddle（2009）和 Chen（2011）的研究均表明会计信息是一种有效缓解信息不对称程度的制度安排，高质量的会计信息能通过改善契约的制定和监督的有效性，降低高层管理者的逆向选择和道德风险，降低公司和利益相关者之间的信息不对称程度，从而提高公司的资本配置效率。但这些研究都是基于西方较成熟、完善和规范的资本市场制度为基础进行的。周春梅（2009）、张林（2010）等以中国新兴加转轨的资本市场为背景，实证检验证明了高质量的盈余信息质量信息有利于改善公司的资本配置效率。但他们的研究都是以 2004—2007 年为区间进行研究的，随着中国市场化进程的深入和其他金融基础设施的完善，会计准则不断由规则导向型向原则导向型过渡，高层管理者面临的会计准则的弹性空间不断增大，这是否会影响会计信息质量对资本配置效率之间的关系是一个值得探讨的问题。且随着公司面临的选择范围的增大，管理能力不同的高层管理者是否会做出不同的选择，这种选择是否会影响会计信息质量与资本配置效率之间的关系，都是一个现有文献研究较少的课题。

## 6.2 理论分析与研究假设

在完美和无摩擦的资本市场中，公司的投资与税收、交易成本等其他因素无关，只与公司的投资机会有关，这样资本可以在市场中自由流动，直至最终达到市场中每个项目的资本边际产品等相等的均衡状态（Modigliani et al.，1958）。然而，现实世界中有很多扭曲性因素会导致公司资本投资效率偏离其最优水平的均衡状态，信息不对称和代理问题是最主要的扭曲性因素（Stein，2003）。信息不对称使得公司的外部筹资成本上升，融资受到约束，引起公司的资本投资不足（Kanodia 和 Lee，1998）；而代理冲突使得高层管理者倾向于扩大规模建立企业帝国以享受私人利益，引起公司的投资过度（Jensen 和 Meckling，1976）。投资不足或投资过度都会降低公司资本配置的效率，损害公司价值最大化目标的实现。

盈余信息作为公司对外披露的重要信息，对投资者和公司高层管理者的投资行为具有重要影响。从理论分析来看，公司盈余信息质量的提高将从以下几个方面对投资效率产生影响：首先，高质量的盈余信息有助于降低高层管理者与投资者之间的信息不对称性，缓解公司投资受到的融资约束，降低因此导致的投资不足，提高公司的投资效率；其次，高质量的盈余信息有助于减少与投资有关的代理问题，规范公司的项目选择，规范高层管理者为追求私利导致的过度投资行为，提高公司投资效率；最后高质量的盈余信息有助于增强高层管理者识别面临的投资机会和估计投资风险的能力，对投资项目进行更合理选择，防止和减少盲目投资，提高公司投资效率。

国内外已有的研究表明盈余信息质量的提高有助于提高公司的资本配置效率。Kanodia 和 Lee（1998）研究发现，高层管理者对投资项目的选择情况能通过盈余信息的披露传导到资本市场，从而降低公司与投资者的信息不对称程度，降低融资约束和筹资的成本，提高资本配置的效率；Chen（2005）研究发现在其他条件不变的情况下，会计信息质量的提高能使未来盈余与公司投资之间的关系更加敏感，表明公司会计信息能提供一定的增量信息，改善信息的不对称程度，影响公司的股价。Verdi（2006）以 1980—2003 年美国上市公司为对象，研究表明盈余信息质量的提高能降低由代理冲突和逆向选择引发的信息不对称性，从而抑制公司的过度投资，改善公司的投资不足，提高资本配置的效率。Biddle et al.（2009）对财务报告质量影响投资效率的传导机制进行了拓展性研究，发现在低财务杠杆和资金充足的公司里，财务报告质量与过度投资负相关，而在高财务杠杆和资金短缺的公司里，财务报告质量却与过度投资正相关。Chen et al.（2011）以 2002—2005 年对 21 个新兴市场国家的 6727 个私营公司数据为样本，研究发现财务报告质量与投资效率正相关，二者之间的正相关性在银行主导型金融系统中更强，而在减少收入税为目的的系统中减弱。

中国学者也从不同视角研究会计信息质量与公司投资之间的关系。张劲松和季秀杰（2004）分析认为会计信息质量能影响公司投资项目的选择和投资规模的确定，进而影响投资效率。李青原（2009）研究表明，会计信息质量能抑制公司过度投资行为和改善公司投资不足现象。黄欣然（2011）研究发现盈余信息质量能通过降低高层管理者代理成本而使公司的投资不足得到有效抑制，能通过缓解大股东的代理问题而使公司的过度投资降低。郭琦和罗斌元（2013）研究表明，受融资约束公司的会计信息质量提高时，公司的投资效率也会有所提高，但作用有限，且这种改善作用会随着会计信息质量的提高而不断减小。罗斌元（2014）研究发现，提高会计信息质量既能缓解投资不足，又能抑制过度投资，且融资约束和代理问题越严重，这种作用就越明显。

基于以上分析，本章提出第一个和第二个假设。

假设 6－1：假设其他条件相同，盈余信息质量的提高与能有效抑制公司的投资过度，提升公司的资本配置效率。

假设 6－2：假设其他条件相同，盈余信息质量的提高与能有效改善公司的投资不足，提升公司的资本配置效率。

高质量的盈余信息能增加公司的透明度，减弱公司与投资者之间的信息不对称性（Leuz 和 Verrecchia，2000）；能增强权益投资者获取公司信息的容量及能力，降低其信息风险，减少其逆向选择问题，缓解公司的融资约束；能让外部投资者和利益相关者更好的约束和监督高层管理者的自利行为，降低代理问题。融资约束的缓解和代理冲突的降低能显著地提高公司的资本配置效率，抑制公司的非效率投资，但这种抑制作用会受到高层管理者管理能力的影响，其影响程度的大小与高层管理者管理能力对公司盈余信息质量的关系密切相关。随着公司多元化程度的不断加深，经营的复杂度越来越高，再加上竞争的日益加剧，公司面临的不确定性越来越多，这都需要公司的高层管理者时刻都面临着抉择。不同管理能力的高层管理者由于对宏观经济形势，行业发展趋势及对公司面临风险的判断不同，可能会选择不同的会计处理程序和标准，这无疑会影响公司盈余信息生产的流程，改变盈余信息的质量。

在比较成熟完善的资本市场中，管理能力高的高层管理者由于对行业的未来趋势有更深的理解，对公司的经营业务及发展态势有更准确的估计和判断，其公司披露的财务报告质量也更高（Aier et al.，2005；Demerjian et al. 2013）。但基于新兴加转轨的市场经济为基础的研究表明，管理能力高的高层管理者所在公司披露的财务报告质量反而更低（黄永安等，2011；吴迪，2012 等）。

基于以上分析，本章提出第三个和第四个假设。

假设6－3：假设其他条件相同，高层管理者管理能力越高，盈余信息质量与投资过度之间的关联程度越弱。

假设6－4：假设其他条件相同，高层管理者管理能力越高，盈余信息质量与投资不足之间的关联程度越弱。

## 6.3 研究设计

### 6.3.1 样本选取和数据来源

样本数据的选取方法和数据的来源以及对样本的处理与 4.3.1 相同。

### 6.3.2 变量的选取和度量

1. 被解释变量：资本配置效率

资本配置效率的度量方法同 5.3.2，在此不再赘述。

2. 解释变量

解释变量包括公司高层管理者能力（MA）、真实盈余信息质量（RE）、应计盈余信息质量（ACE）、盈余平滑度（ES）、盈余信息指数（FAQ）和最终控制人性质，具体的计算方法及含义同5.3.2。

3. 控制变量的选择

参照相关文献，本章选取了公司规模（Size）、资产负债率（Lev）、营业周期（Opcyle）、资产收益率（Roa）、总资产周转率（Turnover）和高管薪酬（Pay）。

表6-1列示了本章各主要变量的定义。

**表6-1 主要变量的名称、符号及定义**

| 变量名称 | 变量符号 | 变量定义 |
| --- | --- | --- |
| 投资过度 | Overinv | 方程6-1回归残差中大于0的数值 |
| 投足不足 | Underinv | 方程6-1回归残差中小于0的数值的相反数 |
| 高层管理者能力 | MA | 具体见第4.3.2 |
| 真实盈余信息质量 | RE | 具体见第4.3.2 |
| 应计盈余信息质量 | ACE | 具体见第4.3.2 |
| 盈余平滑度 | ES | 具体见第4.3.2 |
| 盈余信息指数 | FAQ | 具体见第4.3.2 |
| 公司规模 | Size | 期末资产总额的自然对数 |
| 资产负债率 | Lev | 期末负债总额/期末资产总额 |
| 营业周期 | Opcyle | 公司营业周期的自然对数 |
| 资产收益率 | Roa | 当期净利润/当期期末资产总额 |
| 总资产周转率 | Turnover | 当期营业收入/当期期末资产总额 |

续表

| 变量名称 | 变量符号 | 变量定义 |
| --- | --- | --- |
| 高管薪酬 | Pay | 公司金额最高的前三名高层管理者薪酬总额的自然对数 |
| 年度 | Year | 以 2003 年为基期，设置 10 个哑变量 |
| 行业 | Ind | 以农林牧渔业为基准，设置 17 个哑变量 |

### 6.3.3 检验模型

本章对中国上市公司高层管理者能力、盈余信息质量与资本配置效率之间的关系的研究主要采用多元回归分析方法。

为检验本章提出的假设，本章构建以下两个模型：

$$Overinv_{i,t}(Underinv_{i,t}) = \alpha_0 + \alpha_1 EQ_{i,t-1} + \alpha_2 Size_{i,t-1} + \alpha_3 Lev_{i,t-1} + \alpha_4 Opcyle_{i,t-1} + \alpha_5 Roa_{i,t-1} + \alpha_6 Turnover_{i,t-1} + \alpha_7 Pay_{i,t-1} + \sum Year + \sum Ind + \varepsilon_{i,t} \quad (6-1)$$

$$Overinv_{i,t}(Underinv_{i,t}) = \alpha_0 + \beta_1 EQ_{i,t-1} + \beta_2 MA_{i,t-1} * EQ_{i,t-1} + \beta_3 MA_{i,t-1} + \beta_4 Size_{i,t-1} + \beta_5 Lev_{i,t-1} + \beta_6 Opcyle_{i,t-1} + \beta_7 Roa_{i,t-1} + \beta_8 Turnover_{i,t-1} + \beta_9 Pay_{i,t-1} + \sum Year + \sum Ind + \varepsilon_{i,t} \quad (6-2)$$

为了避免解释变量与被解释变量之间潜在的同期性偏见，解释变量和控制变量均采用滞后一期的指标而被解释变量使用当期的指标进行多元回归。

模型（6－1）考察了公司盈余信息质量对资本配置效率的影响，其中 $\alpha_1$ 反映了盈余信息质量对资本配置效率影响的方向和程度。根据本书提出的假设 5－1，$\alpha_1$ 应明显为负。

模型（6－2）是在模型（6－1）的基础上加入了高层管理者管理能力和盈余信息质量与高层管理者管理能力交乘项的指标。通过标准化后的盈余信息质量与标准化的高层管理者管理能力的交乘项的系数考察公司高层管理者管理能力对盈余信息质量和资本配置效率之间关系的影响。交乘项的系数 $\beta_2$ 考察的是高层管理者管理能力是增强还是减弱了盈余信息质量对资本配置效率的影响。如果交乘项的系数 $\beta_2$ 与盈余信息质量的系数符号 $\beta_1$ 相同并且在统计上十分显著，则是高层管理者管理能力增强了盈余信息质量对资本配置效率的影响，否则相反。

## 6.4 实证检验结果与分析

### 6.4.1 描述性统计和相关性检验

1. 各主要研究变量的描述性统计

表6－2报告了过度投资样本组中主要变量的描述性统计结果。从该表中可以看出，过度投资（Overinv）的最小值为0.000006，最大值为0.435，均值为0.059，表明中国上市公司过度投资的差异程度较高，总体为上年期末资产均值的5.9%。真实盈余信息质量（RE）的最小值为－0.756，最大值为－0.002，均值为－0.160，说明中国上市公司利用真实盈余管理对利润进行管理的现象较为普遍，且差异较大。而应计盈余信息质量（ACE）的最小值为－0.067，最大值为－0.012，均值和中位数分别为－0.078和－0.067，说明中国上市公司对应计盈余高层管理者

的程度没有真实盈余管理程度大。盈余平滑度（ES）的最小值为0.044，最大值为5.201，均值和中位数为0.809和0.553，说明过度投资组中盈余平滑度不高。高层管理者管理能力（MA）最小值为-0.898，最大值为0.425，均值为0.006，说明在过度投资组中不同公司的高层管理者管理能力差异较大，但总体的高层管理者管理能力相对较高。

表6-2 过度投资样本中主要研究变量的描述性统计

| 变量 | 均值 | 中位数 | 最小值 | 最大值 | 标准差 |
|---|---|---|---|---|---|
| Overinv | 0.059 | 0.032 | 0.000006 | 0.435 | 0.072 |
| RE | -0.160 | -0.115 | -0.756 | -0.002 | 0.150 |
| ACE | -0.078 | -0.067 | -0.242 | -0.012 | 0.047 |
| ES | 0.809 | 0.553 | 0.044 | 5.201 | 0.827 |
| FAQ | 0.267 | 0.262 | 0.061 | 0.481 | 0.098 |
| MA | 0.006 | 0.010 | -0.898 | 0.425 | 0.141 |
| Size | 21.864 | 21.766 | 19.371 | 24.656 | 1.053 |
| Lev | 0.510 | 0.524 | 0.075 | 0.861 | 0.171 |
| Opcyle | 4.884 | 4.935 | 2.397 | 7.375 | 0.906 |
| Roa | 0.062 | 0.055 | -0.156 | 0.240 | 0.053 |
| Turnover | 0.835 | 0.686 | 0.093 | 3.076 | 0.562 |
| Pay | 13.736 | 13.775 | 11.490 | 15.558 | 0.802 |

表6-3是投资不足样本组中主要变量的描述性统计结果。投资不足的最小值为0.000007，最大值为0.250，均值和中位数为0.034和0.027，与过度投资相比，中国上市公司投资不足的程度显然比投资过度的程度要轻。真实盈余信息质量（RE）和应计盈余信息质量（ACE）的均值和中位数分别为-0.148和-0.107，-0.075和-0.064，均大于过度投资组，这表明从总体上来说投资不足组相较于投资过度组，真实盈余信息质量和应计盈余信息质量相对较高。高层管理者管理能力（MA）均值和中位数分别为-0.001和-0.002，均小于过度投资组高层管理者管理能

力的均值和中位数，表明从总体上过度投资组的高层管理者管理能力高于投资不足组。其他控制变量，公司资产负债率（Lev）、资产回报率（Roa）、总资产周转率（Turnover）、高管薪酬（Pay）在投资不足组的均值和中位数均小于过度投资组，表明总体上投资不足组的资产负债率和资产回报率均更低，总资产周转的速度更慢，而高管的薪酬较低。投资不足组营业周期（Opcyle）的均值和中位数均大于过度投资组，说明投资不足组的营业周期更长。

**表6-3 投资不足样本中主要研究变量的描述性统计**

| 变量 | 均值 | 中位数 | 最小值 | 最大值 | 标准差 |
| --- | --- | --- | --- | --- | --- |
| Underinv | 0.034 | 0.027 | 0.000007 | 0.250 | 0.029 |
| RE | -0.148 | -0.107 | -0.756 | -0.002 | 0.142 |
| ACE | -0.075 | -0.064 | -0.242 | -0.012 | 0.046 |
| ES | 0.875 | 0.585 | 0.044 | 5.201 | 0.919 |
| FAQ | 0.278 | 0.282 | 0.061 | 0.481 | 0.100 |
| MA | -0.001 | -0.002 | -0.850 | 0.419 | 0.151 |
| Size | 21.650 | 21.549 | 19.371 | 24.656 | 1.083 |
| Lev | 0.494 | 0.505 | 0.075 | 0.861 | 0.190 |
| Opcyle | 5.002 | 5.041 | 2.397 | 7.375 | 0.964 |
| Roa | 0.051 | 0.047 | -0.156 | 0.240 | 0.062 |
| Turnover | 0.792 | 0.651 | 0.093 | 3.076 | 0.547 |
| Pay | 13.625 | 13.653 | 11.490 | 15.558 | 0.826 |

2. 各主要变量之间简单相关系数检验

表6-4是过度投资样本组中各主要变量的相关系数表。从表中可以看出过度投资（Overinv）与表征盈余信息质量的真实盈余信息质量（RE）、应计盈余信息质量（ACE）和盈余信息指数（FAQ）明显负相关，初步说明高的盈余信息质量能抑制公司的过度投资。而过度投资（Overinv）与高层管理者管理能力（MA）在1%水平上明显正相关，初

**表 6－4　过度投资样本组中各主要变量间 Person 相关系数表**

| | Overinv | RE | ACE | ES | FAQ | MA | Size | Lev | Opcyle | Roa | Turnover | Pay |
|---|---|---|---|---|---|---|---|---|---|---|---|---|
| Overinv | 1 | — | — | — | — | — | — | — | — | — | — | — |
| RE | -0.061*** | 1 | — | — | — | — | — | — | — | — | — | — |
| ACE | -0.165*** | 0.059** | 1 | — | — | — | — | — | — | — | — | — |
| ES | 0.006 | 0.032 | -0.065*** | 1 | — | — | — | — | — | — | — | — |
| FAQ | -0.059** | 0.695*** | 0.333*** | 0.411*** | 1 | — | — | — | — | — | — | — |
| MA | 0.084*** | -0.191*** | -0.025 | -0.036* | -0.135*** | 1 | — | — | — | — | — | — |
| Size | -0.074*** | -0.043** | -0.009 | -0.037* | -0.005 | 0.040** | 1 | — | — | — | — | — |
| Lev | 0.033* | 0.024 | -0.120*** | -0.107*** | -0.132*** | -0.082*** | 0.313*** | 1 | — | — | — | — |
| Opcyle | -0.120*** | 0.052*** | -0.013 | -0.029 | 0.01 | -0.044** | -0.176*** | -0.022 | 1 | — | — | — |
| Roa | 0.076*** | -0.285*** | 0.04 | 0.047** | -0.074*** | 0.273*** | 0.135*** | -0.285*** | -0.121*** | 1 | — | — |
| Turnover | -0.053*** | -0.268*** | 0.089*** | -0.039** | -0.185*** | 0.218*** | 0.115*** | 0.090*** | -0.477*** | 0.213*** | 1 | — |
| Pay | -0.044** | -0.168*** | 0.066*** | 0.048** | -0.037 | 0.088*** | 0.420*** | -0.024 | -0.104*** | 0.298*** | 0.214*** | 1 |

注：***、** 和 * 分别表示在 1%、5% 和 10% 水平上。检验均为双尾。

步说明高层管理者的管理能力能明显加剧公司的过度投资。过度投资（Overinv）与公司的规模（Size）的相关系数明显为负，这初步说明公司规模的增大能抑制公司的过度投资。营业周期（Lev）、资产周转率（Turnover）和高管薪酬（Pay）与过度投资（Overinv）明显为负相关，说明营业周期的增加，资产周转率的提升和高管薪酬的增加均能抑制公司的过度投资。资产回报率（Roa）与过度投资在1%的水平上明显正相关，初步表明资产回报率丰厚的公司投资过度的现象更加严重。值得注意的是，高层管理者的管理能力与高管薪酬明显正相关，说明管理能力高的高层管理者薪酬水平更高。

表6－5是投资不足样本组中各主要变量的相关系数表。从表中可以看出投资不足（Underinv）与表征盈余信息质量的真实盈余信息质量（RE）、应计盈余信息质量明显负相关，说明高的盈余信息质量能抑制改善公司的投资不足。而投资不足（Underinv）与高层管理者管理能力（MA）在1%水平上呈正相关，初步说明高层管理者管理管理能力能增加公司的投资不足。投资不足（Underinv）与公司的规模（Size）相关系数虽不明显，但为负，说明规模小的公司投资不足现象相对更严重。资产负债率（Lev）与投资不足为负，说明资产负债率会明显改善公司的投资不足。营业周期（Opcyle）、资产周转率（Turnover）和高管薪酬（Pay）与投资不足（Underinv）的相关系数明显为负相，说明营业周期的增加，资产周转率的提升和高管薪酬的增加均能显著改善公司的投资不足。资产回报率（Roa）与投资不足的相关系数明显为正相关，表明资产回报率丰厚的公司投资不足的现象更加严重。值得注意的是，高层管理者管理能力与高管薪酬明显正相关，说明不论过度投资还是投资不足的样本公司中，管理能力高的高层管理者从公司获得的薪酬都更多。

表 6-5 投资不足样本组中各主要变量间 Person 相关系数表

| | Overinv | RE | ACE | ES | FAQ | MA | Size | Lev | Opcyle | Roa | Turnover | Pay |
|---|---|---|---|---|---|---|---|---|---|---|---|---|
| Underinv | 1 | — | — | — | — | — | — | — | — | — | — | — |
| RE | -0.025* | 1 | — | — | — | — | — | — | — | — | — | — |
| ACE | -0.091*** | 0.053*** | 1 | — | — | — | — | — | — | — | — | — |
| ES | 0.033** | 0.074*** | -0.054*** | 1 | — | — | — | — | — | — | — | — |
| FAQ | -0.002 | 0.726*** | 0.303*** | 0.436*** | 1 | — | — | — | — | — | — | — |
| MA | 0.026** | -0.184*** | -0.053*** | -0.082*** | -0.186*** | 1 | — | — | — | — | — | — |
| Size | -0.019 | -0.054*** | 0.01 | -0.060*** | -0.060*** | 0.015 | 1 | — | — | — | — | — |
| Lev | -0.077*** | 0.001 | -0.066*** | -0.095*** | -0.120*** | -0.050*** | 0.328*** | 1 | — | — | — | — |
| Opcyle | -0.081*** | 0.024* | -0.012 | -0.025* | -0.034* | -0.053*** | -0.118*** | 0.025* | 1 | — | — | — |
| Roa | 0.038*** | -0.240*** | -0.015 | -0.041*** | -0.131*** | 0.275*** | 0.177*** | -0.268*** | -0.148*** | 1 | — | — |
| Turnover | -0.079*** | -0.243*** | 0.051*** | -0.113*** | -0.214*** | 0.242*** | 0.132*** | 0.156*** | -0.513*** | 0.185*** | 1 | — |
| Pay | -0.052*** | -0.161*** | -0.007 | -0.015 | -0.102*** | 0.097*** | 0.459*** | -0.01 | -0.121*** | 0.326*** | 0.199*** | 1 |

注：***、** 和 * 分别表示在 1%、5% 和 10% 水平上。检验均为双尾。

### 6.4.2 多元回归结果分析

1. 盈余信息质量与资本配置效率的回归结果分析

(1) 盈余信息质量与过度投资的回归结果分析。

表6-6 盈余信息质量与过度投资的回归结果

| 变量 | (1) | (2) | (3) | (4) |
|---|---|---|---|---|
| | Overinv | Overinv | Overinv | Overinv |
| Constant | 0.312*** | 0.294*** | 0.311*** | 0.349*** |
| | (7.65) | (5.02) | (6.94) | (5.79) |
| REi, t-1 | -0.041*** | — | — | — |
| | (-3.85) | — | — | — |
| ACE i, t-1 | — | -0.241*** | — | — |
| | — | (-5.50) | — | — |
| ES i, t-1 | — | — | -0.001 | — |
| | — | — | (-0.59) | — |
| FAQ i, t-1 | — | — | — | -0.055*** |
| | — | — | — | (-2.78) |
| Size i, t-1 | -0.007*** | -0.009*** | -0.008*** | -0.009*** |
| | (-3.81) | (-3.68) | (-4.07) | (-3.71) |
| Lev i, t-1 | 0.011 | 0.015 | 0.016 | 0.020 |
| | (1.14) | (1.11) | (1.57) | (1.49) |
| Opcyle i, t-1 | -0.012*** | -0.009*** | -0.010*** | -0.010*** |
| | (-5.75) | (-3.24) | (-4.38) | (-3.65) |
| Roa i, t-1 | 0.133*** | 0.142*** | 0.148*** | 0.129*** |
| | (4.59) | (3.79) | (4.79) | (3.42) |

续表

| 变量 | (1) | (2) | (3) | (4) |
|---|---|---|---|---|
| | Overinv | Overinv | Overinv | Overinv |
| Turnover i, t-1 | -0.014*** | -0.007* | -0.010*** | -0.011** |
| | (-4.26) | (-1.67) | (-3.01) | (-2.58) |
| Pay i, t-1 | -0.005** | -0.002 | -0.004 | -0.002 |
| | (-2.30) | (-0.48) | (-1.53) | (-0.71) |
| Ind | Yes | Yes | Yes | Yes |
| Year | Yes | Yes | Yes | Yes |
| N | 3090 | 1640 | 2489 | 1640 |
| Adj. R2 | 0.0716 | 0.0878 | 0.0675 | 0.0706 |
| F | 8.22 | 5.22 | 6.22 | 4.49 |

注：***、**和*分别表示在1%、5%和10%水平上，括号内为t值。

表6-6列示的是过度投资（Overinv）作为被解释变量，以真实盈余信息质量（RE）、应计盈余信息质量（ACE）、盈余平滑度（ES）和盈余信息指数（FAQ）为表征的盈余信息质量作为解释变量的多元回归结果。从表6-6可以看出，真实盈余信息质量，应计盈余信息质量和盈余信息指数与公司的过度投资在1%的水平上且负相关，盈余平滑度的系数虽然为负，但并不显著，表明高质量的盈余信息能减缓公司的信息不对称程度，降低公司的委托代理问题，抑制公司的过度投资行为，提高公司的资本配置效率。验证了本章提出的假设6-1。控制变量资产规模（Size）和营业周期（Opcyle）的系数在1%的水平上均为负，表明其能抑制公司的过度投资；而资产回报率（Roa）的系数在1%的水平上且为正，表明资产回报率高的公司过度投资的行为更严重。

**表 6 -7　国有控股公司样本中盈余信息质量与过度投资的回归结果**

| 变量 | (1) | (2) | (3) | (4) |
|---|---|---|---|---|
| | Overinv | Overinv | Overinv | Overinv |
| Constant | 0. 065 *** | 0. 049 *** | 0. 049 *** | 0. 063 *** |
| | (5. 97) | (3. 83) | (4. 07) | (4. 73) |
| REi, t - 1 | -0. 016 *** | — | — | — |
| | ( -5. 14) | — | — | — |
| ACE i, t - 1 | — | — | -0. 069 *** | — |
| | — | ( -5. 15) | — | — |
| ES i, t - 1 | — | — | — | -0. 0002 |
| | — | — | ( -0. 65) | — |
| FAQ i, t - 1 | -0. 015 *** | — | — | — |
| | — | — | — | ( -2. 65) |
| Size i, t - 1 | -0. 000001 | 0. 0001 | 0. 001 | -0. 00004 |
| | ( -0. 001) | (0. 20) | (1. 21) | ( -0. 07) |
| Lev i, t - 1 | -0. 006 ** | -0. 011 *** | -0. 008 *** | -0. 010 *** |
| | ( -2. 55) | ( -3. 50) | ( -2. 96) | ( -3. 19) |
| | ( -4. 63) | ( -2. 17) | ( -3. 31) | ( -2. 56) |
| Opcyle i, t - 1 | -0. 003 *** | -0. 002 ** | -0. 002 *** | -0. 002 ** |
| Roa i, t - 1 | 0. 016 ** | 0. 014 | 0. 019 ** | 0. 014 |
| | (2. 22) | (1. 42) | (2. 26) | (1. 44) |
| Turnover i, t - 1 | -0. 006 *** | -0. 003 ** | -0. 004 *** | -0. 004 *** |
| | ( -5. 11) | ( -2. 04) | ( -3. 44) | ( -2. 83) |

续表

| 变量 | (1) | (2) | (3) | (4) |
|---|---|---|---|---|
| | Overinv | Overinv | Overinv | Overinv |
| Pay i，t-1 | -0.001 | -0.001 | -0.001 | -0.001 |
| | (-1.42) | (-0.88) | (-1.60) | (-0.76) |
| Ind | Yes | Yes | Yes | Yes |
| Year | Yes | Yes | Yes | Yes |
| N | 5402 | 2986 | 3752 | 2986 |
| Adj. R2 | 0.0833 | 0.0916 | 0.0838 | 0.0809 |
| F | 16.42 | 15.83 | 11.85 | 15.34 |

注：***、**和*分别表示在1%、5%和10%水平上，括号内为t值。

按最终控制人性质进一步细分的回归结果如表6-7和表6-8所示。在国有控股公司样本组中（表6-7），真实盈余信息质量（RE）、应计盈余信息质量（ACE）和盈余信息指数（FAQ）与公司的过度投资在1%的水平上且负相关，盈余平滑度的系数虽然为负，但并不显著，表明高质量的盈余信息能明显地抑制国有控股上市公司的过度投资。支持本章提出的假设6-1。而在非国有控股公司样本中（表6-8），真实盈余信息质量在10%的水平上，应计盈余信息质量在5%的水平上与公司的过度投资明显负相关，盈余平滑度和盈余信息指数的系数虽然为负，但均不显著，说明盈余信息质量的提高也能在一定程度上抑制上市公司的过度投资。支持本章提出的假设6-1。有趣的是，在国有控股公司样本中，高层管理者的薪酬（Pay）在国有控股公司样本组中与过度投资的系数并不显著；而在非国有控股公司样本中其系数均为负，表明薪酬在非国有控股公司中对抑制过度投资更为有效。

**表6-8 非国有控股公司样本中盈余信息质量与过度投资的回归结果**

| 变量 | (1) | (2) | (3) | (4) |
|---|---|---|---|---|
| | Overinv | Overinv | Overinv | Overinv |
| Constant | 0.364*** | 0.335*** | 0.383*** | 0.384*** |
| | (4.49) | (3.01) | (4.37) | (3.40) |
| REi, t-1 | -0.022* | — | — | — |
| | (-1.68) | — | — | — |
| ACE i, t-1 | — | -0.211** | — | — |
| | — | (-2.58) | — | — |
| ES i, t-1 | — | — | -0.002 | — |
| | — | — | (-0.85) | — |
| FAQ i, t-1 | — | — | — | -0.023 |
| | — | — | — | (-0.60) |
| Size i, t-1 | -0.008** | -0.010* | -0.012*** | -0.011** |
| | (-2,31) | (-1.92) | (-3.41) | (-2.01) |
| Lev i, t-1 | 0.026 | 0.020 | 0.041** | 0.021 |
| | (1.34) | (0.62) | (2.36) | (0.63) |
| Opcyle i, t-1 | -0.008** | 0.001 | -0.004 | -0.001 |
| | (-2.05) | (0.24) | (-1.11) | (-0.14) |
| Roa i, t-1 | 0.075 | 0.061 | 0.082 | 0.030 |
| | (1.57) | (1.11) | (1.54) | (0.51) |
| Turnover i, t-1 | -0.006 | 0.005 | 0.0002 | 0.004 |
| | (-0.92) | (0.52) | (0.02) | (0.36) |
| Pay i, t-1 | -0.011*** | -0.009* | -0.009** | -0.009* |
| | (-2.90) | (-1.67) | (-2.02) | (-1.65) |
| Ind | Yes | Yes | Yes | Yes |

续表

| 变量 | (1) | (2) | (3) | (4) |
|---|---|---|---|---|
| | Overinv | Overinv | Overinv | Overinv |
| Year | Yes | Yes | Yes | Yes |
| N | 1022 | 475 | 763 | 475 |
| Adj. R2 | 0.0543 | 0.0653 | 0.0715 | 0.0492 |
| F | 5.06 | 4.09 | 4.84 | 4.04 |

注：***、**和*分别表示在1%、5%和10%水平上，括号内为t值。

（2）盈余信息质量与投资不足的回归结果分析。

**表6-9 盈余信息质量与投资不足的回归结果**

| 变量 | (1) | (2) | (3) | (4) |
|---|---|---|---|---|
| | Underinv | Underinv | Underinv | Underinv |
| Constant | 0.065*** | 0.049*** | 0.049*** | 0.063*** |
| | (5.97) | (3.83) | (4.07) | (4.73) |
| REi，t-1 | -0.016*** | — | — | — |
| | (-5.14) | — | — | — |
| ACE i，t-1 | — | -0.069*** | — | — |
| | — | (-5.15) | — | — |
| ES i，t-1 | — | — | -0.0002 | — |
| | — | — | (-0.65) | — |
| FAQ i，t-1 | — | — | — | -0.015*** |
| | — | — | — | (-2.65) |
| Size i，t-1 | -0.000001 | 0.0001 | 0.001 | -0.00004 |
| | (-0.001) | (0.20) | (1.21) | (-0.07) |
| Lev i，t-1 | -0.006** | -0.011*** | -0.008*** | -0.010*** |
| | (-2.55) | (-3.50) | (-2.96) | (-3.19) |

续表

| 变量 | (1) | (2) | (3) | (4) |
|---|---|---|---|---|
| | Overinv | Overinv | Overinv | Overinv |
| Opcyle i，t - 1 | -0.003*** | -0.002** | -0.002*** | -0.002** |
| | (-4.63) | (-2.17) | (-3.31) | (-2.56) |
| Roa i，t - 1 | 0.016** | 0.014 | 0.019** | 0.014 |
| | (2.22) | (1.42) | (2.26) | (1.44) |
| Turnover i，t - 1 | -0.006*** | -0.003** | -0.004*** | -0.004*** |
| | (-5.11) | (-2.04) | (-3.44) | (-2.83) |
| Pay i，t - 1 | -0.001 | -0.001 | -0.001 | -0.001 |
| | (-1.42) | (-0.88) | (-1.60) | (-0.76) |
| Ind | Yes | Yes | Yes | Yes |
| Year | Yes | Yes | Yes | Yes |
| N | 5402 | 2986 | 3752 | 2986 |
| Adj. R2 | 0.0833 | 0.0916 | 0.0838 | 0.0809 |
| F | 16.42 | 15.83 | 11.85 | 15.34 |

注：***、**和*分别表示在1%、5%和10%水平上显著，括号内为t值。

表6-9列示的是投资不足（Overinv）作为被解释变量，以真实盈余信息质量（RE）、应计盈余信息质量（ACE）、盈余平滑度（ES）和盈余信息指数（FAQ）为表征的盈余信息质量作为解释变量的多元回归结果。从表6-9可以看出，真实盈余信息质量与应计盈余信息质量的系数同过度投资一样，在1%的水平上且为负数，盈余信息指数在10%水平上且为负数，盈余平滑度的系数虽然为负，却并不显著，表明高质量的盈余信息能缓解公司的投资不足现象，提高公司的资本配置效率。验证了本章提出的假设6-2。控制变量资产负债率（Lev）系数明显为负，表明负债比率的上升能一定程度上缓解公司的投资不足；资产周转率（Turnover）的系数也明显为负，表明资产周转的越快，越能缓解公司的投资不足。高层管理者薪酬（Pay）的系数虽不显著，但均为负，表明薪酬在一定程度上能抑制公司的过度投资。

**表6－10　国有控股公司样本中盈余信息质量与投资不足的回归结果**

| 变量 | (1) | (2) | (3) | (4) |
|---|---|---|---|---|
| | Underinv | Underinv | Underinv | Underinv |
| Constant | 0.053*** | 0.050*** | 0.042** | 0.058*** |
| | (3.61) | (3.06) | (2.54) | (3.34) |
| REi，t－1 | －0.013*** | — | — | — |
| | (－3.34) | — | — | — |
| ACE i，t－1 | — | －0.050*** | — | — |
| | — | (－3.15) | — | — |
| ES i，t－1 | — | — | 0.00002 | — |
| | — | — | (0.04) | — |
| FAQ i，t－1 | — | — | — | －0.014** |
| | — | — | — | (－2.21) |
| Size i，t－1 | 0.001 | 0.0002 | 0.001* | 0.0004 |
| | (0.92) | (0.45) | (1.92) | (0.50) |
| Lev i，t－1 | －0.003 | －0.007** | －0.005 | －0.007** |
| | (－0.88) | (－2.00) | (－1.61) | (－2.00) |
| Opcyle i，t－1 | －0.003*** | －0.002** | －0.002*** | －0.003** |
| | (－3.83) | (－2.41) | (－2.58) | (－2.48) |
| Roa i，t－1 | 0.021** | 0.009 | 0.020* | 0.007 |
| | (2.03) | (0.65) | (1.67) | (0.51) |
| Turnover i，t－1 | －0.006*** | －0.004*** | －0.005*** | －0.005*** |
| | (－5.08) | (－2.74) | (－3.17) | (－3.14) |

续表

| 变量 | (1) | (2) | (3) | (4) |
| --- | --- | --- | --- | --- |
| | Overinv | Overinv | Overinv | Overinv |
| Pay i，t - 1 | -0.001* | -0.001 | -0.002* | -0.001 |
| | (-1.73) | (-0.58) | (-1.81) | (-0.56) |
| Ind | Yes | Yes | Yes | Yes |
| Year | Yes | Yes | Yes | Yes |
| N | 3524 | 2033 | 2542 | 2033 |
| Adj. R2 | 0.085 | 0.083 | 0.083 | 0.078 |
| F | 11.99 | 10.57 | 9.30 | 10.29 |

注：***、**和*分别表示在 1%、5%和 10%水平上，括号内为 t 值。

按最终控制人性质进一步细分的回归结果如表 6 - 10 和表 6 - 11 所示。在国有控股样本组中，真实盈余信息质量和应计盈余信息质量在 1%的水平上且负相关，盈余信息指数的系数在 5%的水平上且为负，盈余平滑度的系数虽然为负，但并不显著，表明高质量的盈余信息能一定程度上缓解国有控股上市公司的投资不足。支持本章提出的假设 6 - 2。而在非国有控股样本中，真实盈余信息质量和应计盈余信息质量在 1%的水平上与公司的投资不足明显负相关，盈余平滑度在 10%的水平上与投资不足明显负相关，盈余信息指数的系数虽然为负，但不显著，说明盈余信息质量的提高能缓解上市公司的投资不足。支持本章提出的假设 6 - 2。控制变量方面，资产负债率在非国有控股公司样本中系数除盈余信息指数（FAQ）为解释变量时在 5%水平上，其余均值 1%水平上；而在国有控股公司样本中除应计盈余信息质量（ACE）和盈余信息指数（FAQ）为解释变量时在 5%水平上，其余虽为负，但并不显著，说明非国有控股公司的投资不足程度对资产负债率更为敏感。

表6-11 非国有控股公司样本中盈余信息质量与投资不足的回归结果

| 变量 | (1) | (2) | (3) | (4) |
|---|---|---|---|---|
| | Underinv | Underinv | Underinv | Underinv |
| Constant | 0.047** | 0.024 | 0.041* | 0.048** |
| | (2.44) | (0.99) | (1.90) | (2.07) |
| REi, t-1 | -0.015*** | — | — | — |
| | (-3.16) | — | — | — |
| ACE i, t-1 | — | -0.103*** | — | — |
| | — | (-4.07) | — | — |
| ES i, t-1 | — | — | -0.001* | — |
| | — | — | (-1.69) | — |
| FAQ i, t-1 | — | — | — | -0.013 |
| | — | — | — | (-1.16) |
| Size i, t-1 | 0.00003 | 0.001 | 0.00002 | 0.00005 |
| | (0.42) | (0.78) | (0.35) | (0.14) |
| Lev i, t-1 | -0.010*** | -0.017*** | -0.013*** | -0.014** |
| | (-2.65) | (-3.04) | (-2.75) | (-2.49) |
| Opcyle i, t-1 | -0.003*** | -0.0002 | -0.002** | -0.001 |
| | (-3.08) | (-0.23) | (-2.44) | (-1.25) |
| Roa i, t-1 | 0.006 | 0.015 | 0.015 | 0.020 |
| | (0.57) | (1.10) | (1.25) | (1.51) |
| Turnover i, t-1 | -0.004* | -0.0003 | -0.004* | -0.003 |
| | (-1.87) | (-0.14) | (-1.69) | (-0.97) |
| Pay i, t-1 | -0.0006 | -0.001 | -0.0004 | -0.001 |
| | (-0.20) | (-0.77) | (-0.09) | (-0.38) |
| Ind | Yes | Yes | Yes | Yes |

续表

| 变量 | (1) | (2) | (3) | (4) |
|---|---|---|---|---|
| | Overinv | Overinv | Overinv | Overinv |
| Year | Yes | Yes | Yes | Yes |
| N | 1880 | 954 | 1211 | 954 |
| Adj. R2 | 0.069 | 0.100 | 0.070 | 0.071 |
| F | 8.47 | 8.03 | 6.60 | 8.17 |

注：***、** 和 * 分别表示在 1%、5% 和 10% 水平上，括号内为 t 值。

2. 高层管理者管理能力、盈余信息质量与资本配置效率的回归结果分析

（1）高层管理者管理能力、盈余信息质量与过度投资的回归结果分析。

表 6-12　高层管理者管理能力、盈余信息质量与过度投资的回归结果

| 变量 | (1) | (2) | (3) | (4) |
|---|---|---|---|---|
| | Overinv | Overinv | Overinv | Overinv |
| Constant | 0.279*** | 0.265*** | 0.271*** | 0.276*** |
| | (6.78) | (4.43) | (6.02) | (4.55) |
| RE i，t-1 | -0.006*** | — | — | — |
| | (-3.94) | — | — | — |
| RE i，t-1* MAi，t-1 | 0.004** | — | — | — |
| | (2.43) | — | — | — |
| ACE i，t-1 | — | -0.011*** | — | — |
| | — | (-5.43) | — | — |
| ACE i，t-1* MAi，t-1 | — | -0.002 | — | — |
| | — | (-1.05) | — | — |

续表

| 变量 | (1) | (2) | (3) | (4) |
|---|---|---|---|---|
| | Overinv | Overinv | Overinv | Overinv |
| ES i, t-1 | — | — | -0.0003 | — |
| | — | — | (-0.26) | — |
| ES i, t-1* MAi, t-1 | — | — | 0.003* | — |
| | — | — | (1.68) | — |
| FAQ i, t-1 | — | — | — | -0.005** |
| | — | — | — | (-2.29) |
| FAQ i, t-1* MAi, t-1 | — | — | — | 0.004** |
| | — | — | — | (1.96) |
| MAi, t-1 | 0.004** | 0.005** | 0.005*** | 0.006** |
| | (2.26) | (2.14) | (2.86) | (2.53) |
| Size i, t-1 | -0.008*** | -0.010*** | -0.009*** | -0.010*** |
| | (-4.39) | (-3.97) | (-4.76) | (-4.09) |
| Lev i, t-1 | 0.011 | 0.016 | 0.016 | 0.022* |
| | (1.14) | (1.25) | (1.59) | (1.71) |
| Opcyle i, t-1 | -0.012*** | -0.010*** | -0.011*** | -0.011*** |
| | (-5.74) | (-3.40) | (-4.66) | (-3.97) |
| Roa i, t-1 | 0.094*** | 0.099** | 0.100*** | 0.077* |
| | (3.09) | (2.51) | (3.02) | (1.92) |
| Turnover i, t-1 | -0.015*** | -0.009** | -0.013*** | -0.013*** |
| | (-4.41) | (-2.01) | (-3.61) | (-2.96) |
| Pay i, t-1 | 0.0002 | 0.002 | 0.001 | 0.002 |
| | (0.02) | (0.56) | (0.55) | (0.70) |
| Ind | Yes | Yes | Yes | Yes |

续表

| 变量 | (1) | (2) | (3) | (4) |
|---|---|---|---|---|
| | Overinv | Overinv | Overinv | Overinv |
| Year | Yes | Yes | Yes | Yes |
| N | 3095 | 1641 | 2493 | 1641 |
| Adj. R2 | 0.0764 | 0.0904 | 0.0736 | 0.0754 |
| F | 7.69 | 5.11 | 5.91 | 7.53 |

注：***、**和*分别表示在1%、5%和10%水平上显著，括号内为t值。

表6-12列示的是高层管理者管理能力、盈余信息质量和过度投资的多元回归结果。当解释变量盈余信息质量为真实盈余信息质量（RE）时，它与过度投资的系数在1%的水平上且为负，而真实盈余信息质量与高层管理者管理能力的交乘项系数为正，并在5%的水平上且为正；当解释变量盈余信息质量为应计盈余信息质量（ACE）时，它与过度投资的系数在1%的水平上且为负，而应计盈余信息质量与高层管理者管理能力的交乘项系数为负，但并不显著；当解释变量盈余信息质量为盈余平滑度（ES）时，它与过度投资的系数并不显著，而应计盈余信息质量与高层管理者管理能力的交乘项系数为正，并在10%的水平上；当解释变量盈余信息质量为综合盈余信息质量（FAQ）时，它与过度投资的系数在5%的水平上且为负，而综合盈余信息质量与高层管理者管理能力的交乘项系数为正，并在5%的水平上。表明高层管理者的管理能力减弱了盈余信息与过度投资的负相关性，结论支持本章提出的假设6-3。控制变量方面，公司规模（Size）、营业周期（Opcyle）和总资产周转率（Turnover）的系数均在1%统计水平上且为负，表明三者均能有效抑制公司的过度投资，而资产收益率（Roa）的系数明显为正，表明资产收益率高的公司更容易发生投资过度。

按最终控制人性质进一步细分的回归结果如表6－13和表6－14所示。从中可以看出，在国有控股公司样本中（表6－13），盈余信息质量均与公司过度投资负相关，其中真实盈余信息质量（RE）和应计盈余信息质量（ACE）的系数在1%的水平上且为负，而盈余信息指数（FAQ）的系数在5%的水平上且为负；交乘项系数除了真实盈余信息质量和盈余信息指数与高层管理者管理能力的交乘项系数在10%的水平上明显为正外，其他虽为正，并不显著；表明国有控股公司的高层管理者管理能力降低了盈余信息质量与过度投资的负相关性。结论支持本章提出的假设6－3。在非国有控股公司样本中（表6－14），当解释变量盈余信息质量为应计盈余信息质量（ACE）时，它与过度投资的系数在1%的水平上且为负，其他系数虽均为负数，但都不显著；真实盈余信息质量与高层管理者管理能力的交乘项系数在5%的水平上且为正，盈余信息指数与高层管理者管理能力的交乘项系数在10%的水平上且为正，而应计盈余信息质量与高层管理者管理能力的交乘项系数却在5%的水平上明显为负，盈余平滑度与高层管理者管理能力的交乘项系数为负但并不显著，表明高层管理者管理能力依然降低了盈余信息与过度投资的负相关性。结论支持本章提出的假设6－3。

表6－13　国有控股公司样本中高层管理者管理能力、盈余信息质量与过度投资回归结果

| 变量 | (1) | (2) | (3) | (4) |
|---|---|---|---|---|
| | Overinv | Overinv | Overinv | Overinv |
| Constant | 0.273*** | 0.299*** | 0.271*** | 0.308*** |
| | (5.61) | (4.20) | (5.03) | (4.27) |
| RE i，t－1 | －0.008*** | — | — | — |
| | (－3.88) | — | — | — |

续表

| 变量 | (1) | (2) | (3) | (4) |
|---|---|---|---|---|
| | Overinv | Overinv | Overinv | Overinv |
| RE i, t-1 * MAi, t-1 | 0.003 * | — | — | — |
| | (1.69) | — | — | — |
| ACE i, t-1 | — | -0.011 *** | — | — |
| | — | (-4.54) | — | — |
| ACE i, t-1 * MAi, t-1 | — | 0.001 | — | — |
| | — | (0.44) | — | — |
| ES i, t-1 | — | — | -0.0001 | — |
| | — | — | (-0.05) | — |
| ES i, t-1 * MAi, t-1 | — | — | 0.002 | — |
| | — | — | (0.97) | — |
| FAQ i, t-1 | — | — | — | -0.006 ** |
| | — | — | — | (-2.56) |
| FAQ i, t-1 * MAi, t-1 | — | — | — | 0.003 * |
| | — | — | — | (1.65) |
| MAi, t-1 | 0.002 | 0.003 | 0.003 | 0.004 |
| | (1.28) | (1.33) | (1.39) | (1.55) |
| Size i, t-1 | -0.006 *** | -0.009 *** | -0.008 *** | -0.010 *** |
| | (-3.17) | (-3.38) | (-3.59) | (-3.44) |
| Lev i, t-1 | 0.003 | 0.014 | 0.006 | 0.022 |
| | (0.26) | (1.06) | (0.50) | (1.64) |
| Opcyle i, t-1 | -0.013 *** | -0.013 *** | -0.012 *** | -0.014 *** |
| | (-4.84) | (-3.81) | (-4.24) | (-3.91) |

续表

| 变量 | (1) | (2) | (3) | (4) |
|---|---|---|---|---|
| | Overinv | Overinv | Overinv | Overinv |
| Roa i, t-1 | 0.136*** | 0.143*** | 0.144*** | 0.135*** |
| | (3.54) | (2.89) | (3.39) | (2.67) |
| Turnover i, t-1 | -0.016*** | -0.010* | -0.013*** | -0.014*** |
| | (-3.87) | (-1.89) | (-2.85) | (-2.65) |
| Pay i, t-1 | -0.001 | 0.001 | 0.001 | 0.001 |
| | (-0.53) | (0.36) | (0.25) | (0.26) |
| Ind | Yes | Yes | Yes | Yes |
| Year | Yes | Yes | Yes | Yes |
| N | 2069 | 1166 | 1729 | 1166 |
| Adj. R2 | 0.101 | 0.108 | 0.0929 | 0.0947 |
| F | 7.13 | 4.98 | 6.05 | 4.45 |

注：***、**和*分别表示在1%、5%和10%水平上，括号内为t值。

**表6-14 非国有控股公司样本中管理者管理能力、盈余信息质量与过度投资回归结果**

| 变量 | (1) | (2) | (3) | (4) |
|---|---|---|---|---|
| | Overinv | Overinv | Overinv | Overinv |
| Constant | 0.272*** | 0.197* | 0.278*** | 0.220* |
| | (3.55) | (1.75) | (3.27) | (1.92) |
| RE i, t-1 | -0.004 | — | — | — |
| | (-1.52) | — | — | — |
| RE i, t-1* MAi, t-1 | 0.005** | — | — | — |
| | (1.97) | — | — | — |
| ACE i, t-1 | — | -0.008** | — | — |
| | — | (-2.40) | — | — |

续表

| 变量 | (1) | (2) | (3) | (4) |
|---|---|---|---|---|
| | Overinv | Overinv | Overinv | Overinv |
| ACE i, t-1* MAi, t-1 | — | -0.008** | — | — |
| | — | (-2.16) | — | — |
| ES i, t-1 | — | — | -0.002 | — |
| | — | — | (-0.74) | — |
| ES i, t-1* MAi, t-1 | — | — | 0.005 | — |
| | — | — | (1.40) | — |
| FAQ i, t-1 | — | — | — | -0.002 |
| | — | — | — | (-0.46) |
| FAQ i, t-1* MAi, t-1 | — | — | — | 0.007* |
| | — | — | — | (1.69) |
| MAi, t-1 | 0.006** | 0.004 | 0.009*** | 0.007* |
| | (2.06) | (1.03) | (2.68) | (1.80) |
| Size i, t-1 | -0.011*** | -0.013** | -0.014*** | -0.014*** |
| | (-3.10) | (-2.50) | (-3.65) | (-2.62) |
| Lev i, t-1 | 0.028 | 0.022 | 0.036 | 0.018 |
| | (1.47) | (0.69) | (1.60) | (0.55) |
| Opcyle i, t-1 | -0.009** | -0.002 | -0.007 | -0.004 |
| | (-2.46) | (-0.40) | (-1.48) | (-0.71) |
| Roa i, t-1 | 0.023 | 0.013 | 0.027 | -0.037 |
| | (0.44) | (0.20) | (0.49) | (-0.55) |
| Turnover i, t-1 | -0.011* | -0.007 | -0.010 | -0.006 |
| | (-1.73) | (-0.64) | (-1.34) | (-0.59) |
| Pay i, t-1 | 0.004 | 0.006 | 0.004 | 0.007 |
| | (0.91) | (0.90) | (0.90) | (1.03) |

续表

| 变量 | (1) Overinv | (2) Overinv | (3) Overinv | (4) Overinv |
|---|---|---|---|---|
| Ind | Yes | Yes | Yes | Yes |
| Year | Yes | Yes | Yes | Yes |
| N | 1026 | 475 | 764 | 475 |
| Adj. R2 | 0.0558 | 0.0763 | 0.0839 | 0.0561 |
| F | 9.04 | 4.01 | 3.79 | 3.98 |

注：***、**和*分别表示在1%、5%和10%水平上，括号内为t值。

（2）高层管理者管理能力、盈余信息质量与投资不足的回归结果分析。

**表6-15 高层管理者管理能力、盈余信息质量与投资不足的回归结果**

| 变量 | (1) Overinv | (2) Overinv | (3) Overinv | (4) Overinv |
|---|---|---|---|---|
| Constant | 0.058*** | 0.050*** | 0.053*** | 0.054*** |
| | (5.23) | (3.87) | (4.34) | (4.07) |
| RE i, t-1 | -0.002*** | — | — | — |
| | (4.67) | — | — | — |
| RE i, t-1* MAi, t-1 | 0.0001 | — | — | — |
| | (0.39) | — | — | — |
| ACE i, t-1 | — | -0.003*** | — | — |
| | — | (-5.10) | — | — |
| ACE i, t-1* MAi, t-1 | — | -0.001 | — | — |
| | — | (-1.16) | — | — |
| ES i, t-1 | — | — | -0.00001 | — |
| | — | — | (-0.30) | — |

续表

| 变量 | (1) | (2) | (3) | (4) |
|---|---|---|---|---|
| | Overinv | Overinv | Overinv | Overinv |
| ES i, t-1*MAi, t-1 | — | — | 0.0002 | — |
| | — | — | (0.73) | — |
| FAQ i, t-1 | — | — | — | -0.001*** |
| | — | — | — | (-2.39) |
| FAQ i, t-1*MAi, t-1 | — | — | — | 0.0001 |
| | — | — | — | (0.70) |
| MAi, t-1 | -0.001*** | -0.001** | -0.001*** | -0.002** |
| | (-2.91) | (-2.26) | (-2.70) | (-2.45) |
| Size i, t-1 | 0.0001 | 0.00004 | 0.001 | -0.0001 |
| | (0.12) | (0.16) | (1.22) | (-0.15) |
| Lev i, t-1 | -0.006** | -0.011*** | -0.008*** | -0.010*** |
| | (-2.43) | (-3.50) | (-2.96) | (-3.17) |
| Opcyle i, t-1 | -0.003*** | -0.002** | -0.002*** | -0.002** |
| | (-4.46) | (-2.18) | (-3.14) | (-2.57) |
| Roa i, t-1 | 0.007 | 0.005 | 0.007 | 0.004 |
| | (1.00) | (0.48) | (0.85) | (0.40) |
| Turnover i, t-1 | -0.006*** | -0.003** | -0.004*** | -0.004*** |
| | (-5.11) | (-2.26) | (-3.43) | (-3.02) |
| Pay i, t-1 | -0.001 | -0.0002 | -0.001 | -0.0003 |
| | (-1.10) | (-0.44) | (-1.38) | (-0.21) |
| Ind | Yes | Yes | Yes | Yes |
| Year | Yes | Yes | Yes | Yes |
| N | 5417 | 2987 | 3754 | 2987 |

续表

| 变量 | (1) | (2) | (3) | (4) |
|---|---|---|---|---|
| | Overinv | Overinv | Overinv | Overinv |
| Adj. R2 | 0.0847 | 0.0939 | 0.0871 | 0.0831 |
| F | 15.21 | 14.79 | 11.22 | 14.37 |

注：***、**和*分别表示在1%、5%和10%水平上显著，括号内为t值。

表6－15列示的是高层管理者管理能力、盈余信息质量和投资不足的多元回归结果。当解释变量盈余信息质量为真实盈余信息质量（RE）时，它与投资不足的系数在1%的水平上明显为负，而真实盈余信息质量与高层管理者管理能力的交乘项系数虽然为正，并不显著；当解释变量盈余信息质量为应计盈余信息质量（ACE）时，它与投资不足的系数在1%的水平上明显为负，而应计盈余信息质量与高层管理者管理能力的交乘项系数为负，但并显著；当解释变量盈余信息质量为盈余平滑度（ES）时，它与投资不足的系数为负但并不显著，而应计盈余信息质量与高层管理者管理能力的交乘项系数虽然系数为正，并不显著；当解释变量盈余信息质量为综合盈余信息质量（FAQ）时，它与投资不足的系数在1%的水平上明显为负，而综合盈余信息质量与高层管理者管理能力的交乘项系数却为正，并不显著。表明盈余信息质量的提高确实能有效的改善投资不足，而高层管理者管理能力对盈余信息质量改善投资不足的程度虽有减弱作用，但并无显著影响。结论并不支持本章提出的假设6－4。

按最终控制人性质进一步细分的回归结果如表6－16和表6－17所示。从中可以看出，在国有控股公司样本中（表6－16），真实盈余信息质量（RE）的系数在1%的水平上明显为负，应计盈余信息质量（ACE）的系数在5%的水平上明显为负，盈余信息指数（FAQ）的系数为负但并不显著；表明盈余信息质量的提高确实能改善公司的投资不足。交乘项系数中，真实盈余信息质量、盈余平滑度和盈余信息指数与高层管理者管理能力的系数虽为正，但均不显著；表明国有控股公司的高层管理者管理能力并不能降低盈余信息质量与投资不足的负相关性。结论并不支持本章提出的假设6－4。在非国有控股公司样本中（表6－17），当解释变量盈余信息质量为真实信息质量（RE）和应计盈余信息质量时（ACE）时，与投资不足的系数分别在5%和1%的水平上明显为负，其他系数虽均为负数，但都不显著；表明盈余信息质量的提高确实能有效的改善投资不足。交乘项系数中，真实盈余信息质量（RE）和应计盈余信息质量（ACE）与高层管理者管理能力的系数为负，而盈余平滑度（ES）和盈余信息指数（FAQ）与高层管理者管理能力的系数为正，但均不显著；表明非国有控股公司的高层管理者管理能力并不能明显降低盈余信息质量与投资不足的负相关性。结论并不支持本章提出的假设6－4。

**表6－16　国有控股公司样本中高层管理者管理能力、盈余信息质量与投资不足回归结果**

| 变量 | （1） | （2） | （3） | （4） |
|---|---|---|---|---|
| | Underinv | Underinv | Underinv | Underinv |
| Constant | 0.273*** | 0.299*** | 0.271*** | 0.308*** |
| | （5.61） | （4.20） | （5.03） | （4.27） |
| RE i，t－1 | －0.002*** | — | — | — |
| | （－3.32） | — | — | — |
| RE i，t－1*MAi，t－1 | 0.001 | — | — | — |
| | （1.54） | — | — | — |
| ACE i，t－1 | — | －0.002** | — | — |
| | — | （－2.26） | — | — |
| ACE i，t－1*MAi，t－1 | — | －0.001 | — | — |
| | — | （－0.61） | — | — |

续表

| 变量 | (1) | (2) | (3) | (4) |
|---|---|---|---|---|
| | Overinv | Overinv | Overinv | Overinv |
| ES i, t-1 | — | — | 0.00002 | — |
| | — | — | (0.16) | — |
| ES i, t-1* MAi, t-1 | — | — | 0.00005 | — |
| | — | — | (0.20) | — |
| FAQ i, t-1 | — | — | — | -0.001 |
| | — | — | — | (-1.45) |
| FAQ i, t-1* MAi, t-1 | — | — | — | 0.0003 |
| | — | — | — | (0.14) |
| MAi, t-1 | 0.001* | 0.002* | 0.001 | 0.002 |
| | (1.93) | (1.67) | (1.03) | (1.60) |
| Size i, t-1 | 0.001 | 0.0002 | 0.001* | 0.0004 |
| | (0.84) | (0.54) | (1.85) | (0.60) |
| Lev i, t-1 | -0.002 | -0.005 | -0.005* | -0.006 |
| | (-0.67) | (-1.30) | (-1.67) | (-1.36) |
| Opcyle i, t-1 | -0.003*** | -0.003** | -0.002** | -0.003** |
| | (-3.59) | (-2.47) | (-2.19) | (-2.46) |
| Roa i, t-1 | 0.015 | 0.003 | 0.010 | -0.0001 |
| | (1.43) | (0.18) | (0.84) | (-0.01) |
| Turnover i, t-1 | -0.006*** | -0.005*** | -0.004** | -0.005*** |
| | (-4.89) | (-2.68) | (-2.53) | (-2.88) |
| Pay i, t-1 | -0.002* | -0.001 | -0.002** | -0.0002 |
| | (-1.83) | (-0.49) | (-2.26) | (-0.36) |
| Ind | Yes | Yes | Yes | Yes |

续表

| 变量 | (1) | (2) | (3) | (4) |
|---|---|---|---|---|
| | Overinv | Overinv | Overinv | Overinv |
| Year | Yes | Yes | Yes | Yes |
| N | 3537 | 1675 | 2543 | 1675 |
| Adj. R2 | 0.0957 | 0.0776 | 0.0929 | 0.0742 |
| F | 11.13 | 7.66 | 8.97 | 7.39 |

注：***、** 和 * 分别表示在 1%、5% 和 10% 水平上，括号内为 t 值。

**表 6－17　非国有控股公司样本中高层管理者管理能力、盈余信息质量与投资不足回归结果**

| 变量 | (1) | (2) | (3) | (4) |
|---|---|---|---|---|
| | Underinv | Underinv | Underinv | Underinv |
| Constant | 0.272*** | 0.197* | 0.278*** | 0.220* |
| | (3.55) | (1.75) | (3.27) | (1.92) |
| RE i, t－1 | －0.002** | — | — | — |
| | (－2.37) | — | — | — |
| RE i, t－1* MAi, t－1 | －0.0004 | — | — | — |
| | (－0.69) | — | — | — |
| ACE i, t－1 | — | －0.004*** | — | — |
| | — | (－3.23) | — | — |
| ACE i, t－1* MAi, t－1 | — | －0.001 | — | — |
| | — | (－1.43) | — | — |
| ES i, t－1 | — | — | －0.001 | — |
| | — | — | (－1.12) | — |
| ES i, t－1* MAi, t－1 | — | — | 0.001 | — |
| | — | — | (0.86) | — |

续表

| 变量 | (1) | (2) | (3) | (4) |
|---|---|---|---|---|
| | Overinv | Overinv | Overinv | Overinv |
| FAQ i, t-1 | — | — | — | -0.001 |
| | — | — | — | (-0.75) |
| FAQ i, t-1* MAi, t-1 | — | — | — | 0.0003 |
| | — | — | — | (0.38) |
| MAi, t-1 | 0.001** | 0.002* | 0.002*** | 0.003** |
| | (1.97) | (1.67) | (2.86) | (2.44) |
| Size i, t-1 | 0.001 | 0.001 | 0.001 | 0.0003 |
| | (0.74) | (0.98) | (0.74) | (0.23) |
| Lev i, t-1 | -0.010** | -0.020*** | -0.013*** | -0.017*** |
| | (-2.54) | (-3.16) | (-2.77) | (-2.65) |
| Opcyle i, t-1 | -0.003*** | -0.001 | -0.003*** | -0.002 |
| | (-3.14) | (-0.47) | (-2.91) | (-1.24) |
| Roa i, t-1 | -0.005 | -0.001 | -0.002 | 0.002 |
| | (-0.49) | (-0.03) | (-0.14) | (0.15) |
| Turnover i, t-1 | -0.004** | -0.0002 | -0.005** | -0.002 |
| | (-1.97) | (-0.11) | (-2.23) | (-0.72) |
| Pay i, t-1 | 0.0002 | 0.0001 | 0.001 | 0.001 |
| | (0.32) | (0.14) | (0.75) | (0.50) |
| Ind | Yes | Yes | Yes | Yes |
| Year | Yes | Yes | Yes | Yes |
| N | 1880 | 770 | 1211 | 770 |
| Adj. R2 | 0.0770 | 0.119 | 0.0855 | 0.0980 |
| F | 7.25 | 7.26 | 5.94 | 7.65 |

注：***、**和*分别表示在1%、5%和10%水平上，括号内为t值。

## 6.5 稳健性检验

为了检验本章结果的稳健性，我们进行了如下敏感性测试（限于篇幅，没有报告相应的测试结果）：

1. 重新界定了第 t 年的资本投资量。参照童盼和陆正飞（2005）、陈运森和谢德仁（2011）等的做法，具体方法见 4.5 节，重新进行估计，回归结果没有实质性变化。另外，本章还把 Richardson（2006）模型计算出的残差按从小到大的顺序排列后等分为三组，取最大的一组为过度投资组，最小的一组为投资不足组重新进行估计，回归结果没有实质性变化。这表明上述结论是稳健的。

2. 重新界定综合盈余信息指数。参照 Biddle et al.（2009）、Chen et al.（2011）的做法，采用综合盈余信息指数（FQ）来衡量盈余信息质量。方法同 5.5 节。本章采用这种方法重新进行估计，回归结果没有实质性变化，表明上述结论是稳健的。

## 6.6 本章小结

1. 本章从理论上分析了盈余信息质量对资本配置效率的影响，并进一步分析了高层管理者管理能力对二者之间关系发挥作用的机理。在理论分析的基础上，本章提出了公司盈余信息质量的改善能明显抑制公司过度投资和降低投资不足，提高公司资本配置效率和高层管理者管理能力会降低盈余信息质和过度投资或投资不足的负相关性的假设。

2. 本章利用中国沪深两市 A 股 2003—2013 年上市公司的数据，实证检验了高层管理者管理能力、盈余信息质量和资本配置效率之间的关系。实证检验结果发现，不论最终控制人性质如何，盈余信息质量的提高均能显著地抑制公司的过度投资程度和降低公司的投资不足；而随着高层管理者管理能力的增强，盈余信息质量抑制公司过度投资的程度将减弱，而降低公司投资不足的程度则不显著，这种作用与最终控制人的性质无关。

第7章

# 研究结论、政策建议及展望

本章是对全文的一个总结。本章首先对文章研究过程中得到的主要结论进行归纳和总结；然后在此基础上，提出相应的政策建议；最后，在对研究过程中存在的局限性分析的基础上，指出未来需进一步研究的问题和方向。

## 7.1 研究结论

优秀的高层管理者是公司最珍贵的人力资源。不同的高层管理人员对宏观经济形势和行业发展的趋势有不同的了解和判断，在公司经营过程中面对相同的投资机会会做出不同的选择，释放出不同的财务信息。现有的研究大都把公司高层管理者看成是同质的，研究公司的股权结构、治理机制、财务和非财务信息和外部环境等因素对公司资本配置效率的影响。本书在不同的公司高层管理者运用既定资源创造产出能力有所差异的基础上，研究了中国上市公司高层管理者的管理能力、盈余信息质量与资本配置效率之间的关系。由于涉及管理能管理能力及其经济后果的研究文献较少，本书首先基于计量方法和影响因素或经济后果两个方面对高层管理者管理能力、盈余信息质量和资本配置效率的相关文献进行了梳理和综述；其次，对相关的理论基础及制度背景进行了阐述，分析了高层管理者管理能力对资本配置效率影响的传导途径；然后利用中国沪深A股上市公司的数据，采用实证研究的方法，对高层管理者管理能力是否对盈余信息质量和资本配置效率产生影响以及产生什么样的影响进行了检验。在检验过程中，本书进一步综合考虑了第一大股股东持股、股权制衡机制及外部市场环境的一些因素的作用，有利于对高层管理者管理能力发挥作用的深化认识。本书在研究过程中得出主要结论以下：

1. 中国上市公司中高层管理者管理能力与资本配置效率负相关，且负相关性不随最终控制人的性质改变而变化。经过分析，本书认为这可能与中国上市公司高层管理者普遍存在着过度自信有关（王德华和周晓艳，2007；伍如昕，2011等）。然后结合中国上市内外部治理机制的特点进一步研究，发现第一大股东能减弱国有控股公司高层管理者管理能力与资本配置效率的正相关性，其他作用均不显著；股权制衡对高层管理者管理能力与资本配置效率之间的关系影响不显著；产品市场竞争度能减弱高层管理者管理能力与资本配置效率之间的负相关性，但这种作用在非国有控股公司中更为显著；机构投资者持股显著降低高层管理者管理能力与过度投资之间的正相关性，但对投资不足的影响并不显著。

2. 现有的文献表明，在较完善成熟的资本市场中，运用公司既定资源能够高效率创造产出的高层管理者会对公司的盈余信息质量产生正向的影响（Demerjian，2013）。而中国上市公司高层管理者管理能力的提高并没有提高公司的盈余信息质量，反而显著地降低了公司的盈余信息质量，本书认为良好的传导效应需要良好的经济环境和社会机制、高效的监督体制和披露制度和公开、合理、竞争性的高层管理者聘任机制作为基础。而中国目前的资本市场还不完全具备这样的制度环境。综合考虑公司的股权结构、外部治理环境和最终控制人性质后，实证结果显示，第一大股东持股比例的增加明显地增加了管理能力与盈余信息质量的负相关性，而这种加强作用在国有控股公司中较为显著，在非国有控股公司中并不显著；股权制衡度在总体上虽能减弱高层管理者管理能力与盈余信息质量的负向关系，但作用并不显著，而这种减弱作用在国有控股公司中非常显著，在非国有控股公司却不显著；产品市场竞争度在总体上能显著抑制高层管理者管理能力与盈余信息质量的负相关关系，而这种抑制作用不论是在国有控股公司还是非国有控股公司均非常显著；而机构投资者持股总体上明显减弱高层管理者管理能力与应计盈余信息质量和盈余平滑度的负相关关系，却增强了高层管理者管理能力与真实盈余信息质量的负相关系，这种作用与最终控制人的性质无关。

中国上市公司股权集中度较高，第一大股东持股比例均值为34.72%，而股权制衡度相对较低，这都不利于公司盈余信息质量的提高。为让管理能力高的高层管理者释放更高的盈余信息质量，一方面要进一步完善中国上市公司的治理机制和环境，加大股权制衡的力度，引入充分竞争机制，大力培育长期价值投资的机构投资者；另一方面要不断完善法律制度，加大执法力度，限制高层管理者的行为。

3. 不论最终控制人性质如何，盈余信息质量均与公司的资本配置效率明显正相关。中国上市公司中高质量的盈余信息能缓解公司的信息不对称性，改善公司的投资不足现象，抑制公司的过度投资行为，提高公司的资本配置效率，而这种作用与最终控制人的性质无关；在高层管理者管理能力、盈余信息质量与资本配置效率三者之间的关系研究中发现，随着高层管理者管理能力的增强，盈余信息质量抑制公司过度投资的程度将减弱，而降低公司投资不足的程度则不显著，这种作用与最终控制人的性质无关。

## 7.2 政策建议

1. 规制大股东控制行为，强化内部治理机制建设。股权的相对集中有利于加强对公司高层管理者进行监督作用的发挥，提高公司的盈余信息质量，降低公司的非效率投资，然而中国第一大股东持股比例偏高，过高的持股比例降低了股权相对集中的监督作用，不利于公司盈余信息质量的提高和资本配置效率的改善。本书实证结果表明，股权制衡能力的提高有利于减弱高层管理者管理能力对公司盈余信息质量的负向影响，因此，应从制度、政策监督等方面对大股东的行为进行规制，减弱对大股东对公司的控制行为。第一，建立法律保护及救助制度，以从制度环境约束大股东的行为。在存在控股股东的情况下，“一股一票”原则使中小股东的表决权根本无法发挥作用，而市场又缺乏保护中小股东利益的法律，强化了大股东侵占中小股东利益的倾向。第二，限制控股股东的表决权，提高中小股东参与的积极性。为保护中小股东的利益，可考虑公司重大事项的实施需经一定比例的中小股东表决通过，或限定大股东股份数额超过一定限度的表决权。第三，调整股权结构，降低股权的高度集中。要积极发展有能力与第一大股东抗衡的其他大股东，发挥其他股东的对第一大股东的制衡作用，建立多元化产权结构。

2. 完善经理人市场，加强对经理人的监督。经理人负责公司战略的制定和执行，对公司的发展十分重要，需进一步引入和完善经理人市场，使高层管理者充分参与市场竞争，提升公司的竞争力和经济活力。在中国国有控股公司中，很多高层管理者都是由相应的党委、政府任命的，造成很多高管人员“能上不能下、能进不能出”的局面，不利于经理人职能的充分发挥。充分竞争的经理人市场有利于公司全面推行契约化管理，有利于对目标任务的考核，有利于对经理人的选聘和淘汰机制的完善。同时，在公司高层管理人员市场化选聘过程中要发挥经理人市场的声誉机制。在声誉机制充分发挥效用的市场中，懈于经营和权力寻租的经营者意味着断送了自己的职业生涯和人生前程，而拥有良好职业声誉的高层管理者可以在经理人市场上找到实现自身价值的企公司。

3. 完善产品市场竞争环境。实证结果表明，产品市场竞争度的提高能显著降低高层管理者管理能力与公司盈余信息质量的负相关性，提高公司的盈余信息质量。中国经过 30 多年的经济改革之后，中国的市场化程度有了较大的提高和深化，这也为产品市场竞争发挥积极治理作用奠定了一个良好的基础。立法和证券监管部门应在公司法、证券法、反不正当竞争法、公司治理准则等相关法律法规的制定、修订及投资体制的改革过程中继续坚持以促进充分竞争为原则，统筹兼顾，协调进行，确保相关法律法规相互协调配套，实现社会财富和公司价值的最大化。因此，需进一步完善产品市场竞争机制，打破一些行业的垄断地位，降低相关行业的准入门槛，提高行业的竞争程度，降低信息不对称的程度，提升公司的盈余信息质量。

4. 积极发挥机构投资者的治理作用。实证结果表明，机构投资者持股在一定程度上能提高公司的盈余信息质量，提高公司的资本配置效率，但机构投资者整体持股比例较低，且有一定的投机倾向。近年来，中国机构投资者发展非常迅速，但结构并不均衡，证券投资基金增长迅猛，有单极扩大趋势，但开放式证券投资基金由于客户可随时赎回，不利于机构投资者治理作用的发挥。证券市场应积极引入和重点培养价值投资者，鼓励机构投资者长期稳定持股，减少政府干预社保基金和企业年金的入市，充分发挥机构投资者的公司治理作用。

## 7.3 研究展望

有关高层管理者管理能力的研究是一个十分新颖又带有挑战性的课题。本书以中国特殊的新兴加转轨的市场经济为背景，从大股东持股、股权制衡度、产品市场竞争度及机构投资者持股等视角，对高层管理者管理能力、盈余信息质量及资本配置效率之间的关系进了比较深入的研究。但囿于时间、数据的不足和能力的限制，研究还有很多需要完善的地方，还有一些问题需要进一步深入探讨。未来值得深入研究的问题及方向主要有：

1. 高层管理者管理能力代理变量的问题。高层管理者是公司最宝贵的人力资源，但如何准确界定其能力的高低是一个值得深入探讨的课题。本书借鉴 Demerjian（2012）的方法先用数据包络分析方法（DEA）选择 5 项投入，1 项产出求出公司效率，然后又在此基础上把公司规模，经营复杂度，上市年限等影响公司效率的非高层管理者本身影响因素进行分离后衡量高层管理者管理能力。影响高层管理者管理能力发挥的因素很多，这种方法能否在中国资本市场中比较准确的代理高层管理者的管理能力是一个目前国内文献研究很少的问题。未来有可能的话，一方面可选择更多的投入要素和产出要素，看其能否更好的衡量中国上市公司高层管理者的管理能力；另一方面，可尝试用其他方法，比如选取高层管理者发生变更的特定公司，采用固定效应方法计算高层管理者的管理能力，观察其能否相互印证。

2. 高层管理者管理能力与高层管理者过度自信之间的关系。本书在探讨高层管理者管理能力与资本配置效率之间的关系时，把高层管理者管理能力与资本配置效率之间呈负相关的原因归结为管理者的过度自信。虽然现有文献表明中国上市公司高层管理者中普遍存在着过度自信，但是否能力越高的高层管理者，过度自信就越严重是一个值得深入探讨的问题。

3. 本书探讨了股权结构、产品市场竞争度及机构投资者持股对高层管理者管理能力与盈余信息质量、资本配置效率产生的影响。影响高层管理者管理能力发挥作用的影响因素很多，未来能进一步探讨什么样的制度环境和治理机制能使管理能力高的高层管理者提高公司的盈余信息质量，改善公司的资本配置效率，将是一个十分有趣的问题。

4. 高层管理者的管理能力不仅仅对公司的盈余信息质量，资本配置效率产生影响，而且还可能影响到公司的未来盈余预测、筹集资金的成本等经济后果。高层管理者管理能力对这些经济后果是否产生影响，产生什么样的影响及其影响的机理是什么等问题，仍需在未来进行进一步的研究。

# 参考文献

［1］薄仙慧，吴联生．国有控股与机构投资者的治理效应：盈余管理视角［J］．经济研究，2009（2）：81－88.

［2］蔡春，朱荣，谢柳芳．真实盈余管理研究述评［J］．经济学动态，2011（12）：125－130.

［3］蔡吉甫．双重软预算约束、银行负债与过度投资［J］．河北经贸大学学报，2012（1）：44－48.

［4］蔡宁，梁丽珍．公司治理与财务舞弊关系的经验分析［J］．财经理论与实践．2003（11）：80－84.

［5］陈德萍，陈永圣．股权集中度、股权制衡度与公司绩效关系研究［J］．会计研究，2011（1）：38－43.

［6］陈德球，步丹璐．高层管理者能力、权利特征与薪酬差距［J］．山西财经大学学报，2015，37（3）：91－101

［7］陈冬华，陈信元，万华林．国有企业中的薪酬管制与在职消费［J］．经济研究，2005（2）：92－101.

［8］陈运森，谢德仁．网络位置、独立董事治理与投资效率［J］．管理世界，2011（7）：113－127.

［9］陈运森，朱松．政治关系、制度环境与上市公司资本投资［J］．财经研究，2009，35（12）：27－39.

［10］程书强．机构投资者持股与上市公司会计盈余信息关系实证研究［J］．管理

世界，2006（9）：129－136.

［11］程新生，谭有超，刘建梅．非财务信息、外部融资与投资效率——基于外部制度约束的研究［J］．管理世界，2012（7）：137－150.

［12］程仲鸣，夏新平，余明桂．政府干预、金字塔结构与地方国有上市公司投资［J］．管理世界，2008（9）：37－47

［13］崔学刚．公司治理机制对公司透明度的影响——来自中国上市公司的经验数据［J］．会计研究，2004（8）：72－81.

［14］窦炜，刘星，安灵．股权集中、控制权配置与公司非效率投资行为［J］．管理科学学报，2011（11）：81－95.

［15］方强．高管团队管理能力与IPO抑价关系的博弈分析［J］．企业经济，2014，409（9）：54－57

［16］高雷，张杰．公司治理，机构投资者与盈余管理［J］．会计研究，2008（9）：64－72.

［17］高燕．所有权结构、终极控制人与盈余管理［J］．审计研究，2008（6）：59－70.

［18］葛永波，周倬君，柳艳．融资约束导致投资不足还是代理问题导致投资过度？［J］．东岳论坛，2012，33（3）：105－110.

［19］郭琦，罗斌元．融资约束、会计信息质量与投资效率［J］．中南财经大学学报，2013（1）：102－109.

［20］郝颖．大股东控制下的中国上市公司投资行为特征研究［D］．重庆：重庆大学，2007.

［21］何源，白莹，何翘翘．负债融资、大股东控制与企业过度投资行为［J］．系统工程，2007（3）：61－66.

［22］黄珺，黄妮．过度投资、债务结构与治理效应［J］．会计研究，2012（9）：67－70.

［23］黄欣然．盈余信息质量影响投资效率的路径——基于双重代理关系的视角［J］．财经理论与实践，2011，32（3）：62－68.

［24］黄永安，咬立鹏，陈应侠．高层管理者效率与盈余信息质量的实证研究——基于面板数据的检验分析［J］．财会通讯，2011（9）：77－80.

［25］计方，刘星．机构投资者持股对企业非效率投资行为的治理效应［J］．财政研究，2011（3）：9－72.

［26］简建辉，黄平．股权性质过度投资与股权集中度：证券市场 A 股证据［J］．改革，2010（11）：111－119.

［27］简玉峰，刘长生．股权集中度、股权制衡度与公司盈余管理研究——基于 A 股上市公司 2009—2011 年的实证数据［J］．会计之友，2013（2）：74－79.

［28］姜付秀，尹志宏，苏飞．管理者背景特征与企业过度投资行为［J］．管理世界，2009（1）：130－139.

［29］姜英兵，王清莹．上市公司股权结构与真实活动盈余管理［J］．财经问题研究，2011（5）：73－80.

［30］李青原．会计信息质量与公司资本配置效率——来自我国上市公司的经验证据［J］．南开管理评论，2009，12（2）：115－124.

［31］李维安，姜涛．公司治理与企业过度投资行为研究——来自中国上市公司的证据．财贸经济，2007（12）：56－61.

［32］李鑫．中国上市公司过度投资行为、程度与形成机理［J］．山西财经大学学报，2007（6）：107－110.

［33］李延喜，陈克兢．终极控制人、外部治理环境与盈余管理——基于系统广义矩估计的动态面板数据分析［J］．管理科学学报，2014（9）：56－70.

［34］李焰，秦义虎，张肖飞．企业产权、管理者背景特征与投资效率［J］．管理世界，2011（1）：135－144.

［35］李增福，林盛天，连玉君．国有控股、机构投资者与真实活动的盈余管理［J］．管理工程学报，2013（3）：35－44.

［36］李增泉．激励机制与企业绩效——一项基于上市公司的实证研究［J］．会计研究，2000（1）：24－30.

［37］林芳，许慧．基于真实交易盈余管理的股权制衡治理效应［J］．山西财经大

学学报，2012，34（1）：83－93.

［38］林毅夫，蔡防，李周．为什么中国经济改革取得了成功：对其他改革中经济的含义［J］．经济社会体制比较，1995（4）：28－36

［39］刘昌国．公司治理机制、自由现金流量与上市公司投资过度行为研究［J］．经济科学，2006（4）：50－58.

［40］刘凤委，李琦．市场竞争、EVA评价与企业过度投资［J］．会计研究，2013（2）：54－61.

［41］刘凤委，孙铮，李增泉．政府干预、行业竞争与薪酬契约——来自国有上市公司的经验证据［J］．管理世界．2007（9）：76－84.

［42］刘芍佳，孙霈，刘乃全．终极产权论，股权结构及公司绩效［J］．经济研究，2003（4）：51－61.

［43］刘星，安灵．大股东控制、政府控制层级与公司价值创造［J］．会计研究，2010（1）：69－78.

［44］刘星，刘理，窦炜．融资约束、代理冲突与中国上市公司非效率投资行为研究［J］．管理工程学报，2014（3）：64－73.

［45］刘永泽，高嵩．终极控制人性质视角下的盈余管理差异研究［J］．财经问题研究，2013（5）：122－128.

［46］刘喆，张志勇．产品市场竞争能否抑制过度投资行为？［J］．南京财经大学学报，2013（1）：66－70.

［47］刘志远，靳光辉．投资者情绪与公司投资效率——基于股东持股比例及两权分离调节作用的实证研究［J］．管理评论，2013，25（5）：82－91.

［48］卢闯，李小燕，孙健．盈余信息质量对控股股东掏空的影响［J］．中国软科学，2010（2）：116－121.

［49］陆瑶，朱玉杰，胡晓元．机构投资者持股与上市公司违规行为的实证研究［J］．南开管理评论，2012，15（1）：13－23.

［50］陆建桥．中国亏损上市公司盈余管理实证研究［J］．会计研究，1999（9）：25－35.

[51] 罗斌元. 会计信息质量对企业投资效率的作用机理 [J]. 商业研究，2014（6）：64 – 75.

[52] 罗进辉，万迪昉，蔡地. 大股东治理与管理者过度投资行为 [J]. 经济管理，2008，（9）：33 – 37.

[53] 罗正英，吴昊. 终极控制、治理环境与盈余管理——基于中国上市公司非货币性交易的分析 [J]. 上海经济研究，2007（12）：26 – 36.

[54] 吕长江，赵宇恒. 国有企业管理者激励效应研究——基于高层管理者权力的解释 [J]. 管理世界，2008（11）：99 – 109.

[55] 马丽雅. 股权制衡、董事会独立性与盈余管理的关系探讨 [J]. 商业时代，2010（20）：58 – 59.

[56] 梅丹. 国有上市公司的治理机制与过度投资. 上海立信会计学院学报 [J]，2008（4）：47 – 55.

[57] 梅丹. 我国上市公司固定资产投资规模财务影响因素研究 [J]. 管理科学，2005，18（5）：80 – 86.

[58] 潘前进，王君彩，高层管理者能力与资本投资效率研究——基于投资现金流敏感性的视角 [J]. 中央财经大学学报，2015（2）：93 – 100

[59] 平湖，李著. 基金黑幕关于基金行为的研究报告解析 [J]. 财经，2000（10）：10 – 22.

[60] 戚拥军，冯楚立，尹开国. 管理者过度自信，公司治理与过度投资行为 [J]. 财会通讯，2015（3）：42 – 45.

[61] 钱露. 机构投资者持股与公司绩效关系研究——基于中国 A 股上市公司的证据 [J]. 经济学动态，2010（1）：60 – 63.

[62] 屈文洲，谢雅璐，叶玉妹. 信息不对称、融资约束与投资—现金流敏感性——基于市场微观结构理论的实证研究 [J]. 经济研究，2011（6）：105 – 117.

[63] 全林，姜秀珍，陈俊芳. 不同公司规模下现金流量对投资决策影响的实证研究 [J]. 上海交通大学学报，2004（3）：355 – 358.

[64] 全林，姜秀珍，陈俊芳. 不同公司规模下现金流量对投资决策影响的实证研

究［J］. 上海交通大学学报，2004（3）：355－358.

［65］饶茜 . 政治关联，会计信息质量与企业投资效率［D］. 重庆：重庆大学，2012.

［66］饶育蕾，汪玉英 . 中国上市公司大股东对投资影响的实证研究［J］. 南开管理评论，2006（5）：67－73.

［67］宋文娟 . 会计剩余控制权、会计信息质量与资本配置效率［D］. 武汉：华中科技大学，2013.

［68］孙刚 . 机构投资者持股动机的双重性与企业真实盈余管理［J］. 山西财经大学学报，2012（6）：114－124.

［69］孙立，林丽 . QFII 投资中国内地证券市场的实证分析［J］. 金融研究，2006（7）：123－133.

［70］孙永祥，黄祖辉 . 上市公司的股权结构与绩效［J］. 经济研究，1999（12）：23－30.

［71］孙兆斌 . 股权集中、股权制衡与上市公司的技术效率［J］. 管理世界，2006（7）：115－119.

［72］唐洋，刘文捷，贺超 . 管理者受教育水平约束了企业的非效率投资行为吗？［J］. 经济与管理研究，2012（2）：85－91.

［73］佟岩，程小可 . 关联交易利益流向与中国上市公司盈余信息质量［J］. 管理世界，2007（11）：127－138.

［74］佟岩，王化成 . 关联交易、控制权收益与盈余信息质量［J］. 会计研究 . 2007（4）：75－83.

［75］童盼，陆正飞 . 负债融资，负债来源与企业投资行为［J］. 经济研究，2005（5）：75－84.

［76］汪德华，周晓艳 . 管理者过度自信与企业投资扭曲［J］. 山西财经大学学报，2007，29（4）：56－61.

［77］王兵 . 大股东控制、产权安排与公司盈余信息质量——来自中国证券市场的经验证据［J］. 山西财经大学学报 . 2008（9）：67－72.

[78] 王昌锐，倪娟．股权结构、董事会特征与盈余管理［J］．安徽大学学报（哲学社会科学版），2012（1）：141－149．

[79] 王化成，佟岩．控股股东与盈余信息质量——基于盈余反应系数的考察[J]．会计研究．2006（2）：66－74．

[80] 王建华．上市公司最高决策者与盈余信息质量的相关性［J］．山西财经大学学报，2008（2）：115－119．

[81] 王霞，薛跃，于学强．CFO 的背景特征与会计信息质量——基于中国财务重述公司的经验证据［J］．财经研究，2011（9）：123－144．

[82] 王雄元，刘焱．产品市场竞争与信息披露质量的实证研究［J］．经济科学，2008（1）：92－103．

[83] 王艳林，薛鲁．董事会治理、管理者过度自信与投资效率［J］．投资研究，2014（3）：93－106．

[84] 魏刚．高级高层管理者激励与上市公司经营绩效［J］．经济研究，2000（3）：32－39．

[85] 魏明海，柳建平．国企分红、治理因素与过度投资［J］．管理世界，2007（4）：88－95．

[86] 翁维玲．上市公司高层管理者特征与会计舞弊行为相关性研究［J］．财会月刊，2010（12）：13－15．

[87] 吴迪．高层管理者的能力与盈余信息质量的实证研究［D］．大连：东北财经大学，2012．

[88] 吴文锋，吴冲锋，刘晓薇．中国民营上市公司高管的政府背景与公司价值［J］．经济研究，2008（7）：130－141．

[89] 伍如昕．高管过度自信对企业投资决策的影响研究［D］．长沙：中南大学，2011．

[90] 夏冬林，李刚．机构投资者持股和会计盈余信息质量［J］．当代财经，2008，279（2）：111－118．

[91] 夏立军．盈余管理计量模型在中国股票市场的应用研究［J］．中国会计与财

务研究.2003（5）：94－122

［92］肖珉，任春艳，张芬芳．信息不对称、制度约束与投资效率—基于不同产权安排的实证研究［J］．投资研究，2014，33（1）：24－34.

［93］肖星，王琨．证券投资基金：投资者还是投机者？［J］．世界经济，2005（8）：73－79.

［94］谢志明，易玄，刘海月．管理者异质性对企业盈余管理的影响——基于2009—2011年A股上市公司的实证［J］．中南大学学报（社会科学版），2014（2）：23－27.

［95］辛清泉，林斌，王彦超．政府控制、经理薪酬与资本投资［J］．经济研究，2007（8）：110－122.

［96］徐晓东，张天西．公司治理、自由现金流与非效率投资［J］．财经研究，2009，35（10）：47－58.

［97］徐志坚、汪丽．大股东控制和风险投资参与对盈余管理的影响——来自中小板上市企业的实证研究［J］．北京社会科学，2013（3）：103－109.

［98］徐宗宇，邵清芳，陈维良．试析终极控制人两权分离度对盈余管理的影响——来自沪深股市的经验证据［J］．现代财经，2012（4）：68－76.

［99］杨晋渝，刘斌，孙立．盈余管理、高管薪酬敏感度和股权结构［J］．重庆大学学报（社会科学版），2013（2）：70－76.

［100］姚颐，刘志远．机构投资者具有监督作用吗？［J］．金融研究，2009（6）：128－143.

［101］伊志宏，姜付秀，秦义虎．产品市场竞争、公司治理与信息披露质量［J］．管理世界，2010（1）：133－140.

［102］拥军，冯楚立，尹开国．管理者过度自信、公司治理与过度投资行为［J］．财会通讯，2015（3）：42－45.

［103］袁知柱，王泽燊，郝文瀚．机构投资者持股与企业应计盈余管理和真实盈余管理行为选择［J］．北京社会科学，2014（5）：104－119.

［104］詹雷，王瑶瑶．高层管理者激励、过度投资与企业价值［J］．南开管理评

论，2013（3）：36－46.

［105］张纯，吕伟．信息披露、信息中介与企业过度投资［J］．会计研究，2009（1）：60－65.

［106］张功富，宋献中．我国上市公司投资：过度还是不足？——基于沪深工业类上市公司非效率投资的实证度量［J］．会计研究，2009（5）：69－77.

［107］张会丽，张然，林景艺．女性高管是否影响公司盈余信息质量——基于我国上市公司的大样本分析［J］．财经理论与实践，2010（11）：63－66.

［108］张建勇，葛少静，赵经纬．媒体报道与投资效率［J］．会计研究，2014（10）：59－65.

［109］张劲松，季秀杰．论会计信息质量对企业融资和投资的影响［J］．商业经济，2004（7）：93－94.

［110］张林．会计盈余功用理论的拓展研究——以盈余信息质量与资本配置效率为视角［J］．审计与经济研究，2010（1）：47－56.

［111］张铁铸，沙曼．高层管理者能力、权力与在职消费研究［J］．南开管理评论，2014，17（5）：63－72

［112］张铁铸．高层管理者风险特质、会计选择与盈余信息质量研究［J］．财务与会计，2010（9）：52－54.

［113］张维迎．所有制、治理结构及委托代理关系［J］．经济研究，1996（9）：3－14.

［114］张晓晶．机构投资者与股票价格［J］．经济学动态，2005（8）：66－75.

［115］张新民，王秀丽．企业财务状况的质量特征［J］．会计研究，2003（9）：35－38.

［116］张兆国，刘亚伟，亓小林．管理者背景特征、晋升激励与过度投资研究［J］．南开管理评论，2013，16（4）：32－42.

［117］张正国．股权集中度、股权构成与盈余信息质量［J］．技术经济与管理研究，2010（3）：104－109.

［118］张宗益，郑志丹．融资约束与代理成本对上市公司非效率投资的影响——

基于双边随机边界模型的实证度量［J］. 管理工程学报，2012，26（2）：119－126.

［119］赵卿．国有控股上市公司过度投资问题研究［D］. 广州：暨南大学，2006.

［120］周春梅．盈余信息质量对资本配置效率的影响及作用机理［J］. 南开管理评论，2009（5）：109－117.

［121］周中胜. 产权、竞争与证券市场资源配置效率［J］. 山西财经大学学报，2009（9）：87－94.

［122］朱红军，汪辉．"股权制衡"可以改善公司治理吗？［J］. 管理世界，2004（10）：114－116.

［123］Aggarwal R，Zong S. The cash flow – investment relationship：International evidence of limited access to external finance ［J］. Journal of Multinational Financial Management，2006，16（1）：89－104.

［124］Aggarwal，R. K.，A. A. Samwick. Empire builders and Shirkers：Investment，Firm Performance，and Managerial Incentives［J］. Journal of Corporate Finance，2006，12（3）：489 －515.

［125］Ahn S，Denis D J，Denis D K. Leverage and Investment in Diversified Firms［J］. Journal of Financial Economics，2006，79（8）：317－337.

［126］Ahsan Habib. Managerial talent，investment efficiency and stock price crash risk［J］，Massey University Working Paper，2014.

［127］Aier，J.，J. Comprix，M. Gunlock，and D. Lee. The financial expertise of CFOs and accounting restatements［J］. Accounting Horizons，2005（3）：123－135.

［128］Baik，B.，D. Farber，S. Lee. CEO Ability and Management Earnings Forecasts［J］. Contemporary Accounting Research，2011，28（5）：1645－1668.

［129］Bamber，L.，J. Jiang，I. Wang. What' s my style? The influence of top managers on voluntary corporate financial disclosure［J］. Accounting Review，2010，85（4）1131－1162.

［130］Bantel K A，Jackson S E. Top Management and Innovations in Banking：Does the Composition of the Top Team Make A Difference?［J］. Strategic Management Journal，1989，10（1）：107－124

[131] Berle. Means. The Modem Corporation & Private Property [M]. 1932.

[132] Bertrand M, A Schoar. Managing with style: the effect of managers on firm policies [J]. The Quarterly Journal of Economics, 2003 (53): 1169 – 1208.

[133] Bhattacharya, S.. Imperfect Information, Dividend Policy, and "the Bird in the Hand" Fallacy [J]. The Bell Journal of Economics, 1979, 10 (1): 259 – 270.

[134] Biddle, G., G. Hilary, and R. S. Verdi. How does financial reporting quality relate to investments efficiency? [J]. Journal of Accounting and Economics, 2009, 48 (2 – 3): 112 – 131.

[135] Brainard W C, Tobin J. Pitfalls in financial model building [J]. The American Economic Review, 1968, 58 (2): 99 – 122.

[136] Bushee BJ. Do Institutional Investors Prefer Near Short Term Earnings over Long Run Value? [J]. Contemporary accounting research, 2001, 18 (2): 207 – 246.

[137] Bushman R M, Smith A J. Financial accounting information and corporate governance [J]. Journal of accounting and Economics, 2001, 32 (1): 237 – 333.

[138] Bushman, R., Q. Chen, E. Engel, A. Smith. Financial accounting information, organizational complexity and corporate governance systems [J]. Accounting Economy t, 2004, 37 (2): 167 – 201.

[139] Carpenter, M A. The imp locations of strategy and social context for the relationship between top management team heterogeneity and firm Performance [J]. Strategic Management Journal, 2002, 23 (3): 275 – 284.

[140] Charnes A, Cooper W W, Rhodes E. Measuring the efficiency of decision making units [J]. European Journal of Operational Research, 1978 (2): 429 – 444.

[141] Chen Z. Two Essays on Corporate Governance and Earnings Quality [D]. Hong Kong: The Hong Kong University, 2005.

[142] Cheng CSA, Reitenga A. Characteristics of Institutional Investors and Discretionary Accruals [J]. International Journal of Accounting and Information Management, 2009, 17 (1): 5 – 26.

[143] Chi, Lisic, Pevzbe. Is Enhanced Audit Quality Associated with Greater Real Earnings Management? [J]. Accounting Horizons, 2011, 25 (2): 315 –335.

[144] Chung H. M. , Hung – Bin Ding. Political connections and family business diversification [J]. Advances in Mergers and Acquisitions, 2011, (9): 135 – 152.

[145] Chung R, M Firth, and J B Kim. Institutional Monitoring and Opportunistic Earnings Management [J]. Journal of Corporate Finance, 2002, 8 (1) : 29 ~48.

[146] Claessens, S. , Djankov, S. , Lang, H. R. The Separation of Ownership and Control in East Asian Corporations [J]. Journal of Financial Economics, 2002, 58 (1 –2): 81 – 112.

[147] Clark J M. Business acceleration and the law of demand: A technical factor in economic cycles [J]. The Journal of Political Economy, 1917, (3): 217 –235.

[148] Cleary S. The Relationship between firm investment and financial status [J]. The Journal of Finance, 1999, 54 (2): 673 –692.

[149] Cohen, Dey & Lys. Real and Accrual based Earnings Management in the pre – and post – Sarbanes Oxley periods [J]. The Accounting Review, 2008, 82 (3): 757 –787.

[150] DeAngelo, H. , L. DeAngelo, R. M. Stulz. Seasoned equity offerings, market timing, and the corporate lifecycle. [J]. Financial Economy, 2010, 95 (3): 275 –295.

[151] Dechow P M, Kothari S P, and Watts R L. The relation between earnings and cash flows [J]. Journal of accounting and Economics, 1998, 25 (2): 133 – 168.

[152] Dechow P, Dichev L. The Quality of Accruals and Earnings: the Role of Accrual Estimation Errors [J]. The Accounting Review, 2002, 77 (Supplement: Quality of Earnings Conference): 35 –39.

[153] Dechow, P. M. , W. Ge, and C. Schrand. Understanding Earnings Quality A Review of the Proxies, Their Determinants and Their Consequences [J]. Journal of Accounting and Economics, 2010, 50 (2 –3): 344 –401.

[154] DeFond M, Jiambalvo J. Debt covenant violation and manipulation of accruals [J]. Journal of Accounting and Economies, 1994, 17 (1–2): 145 – 176.

[155] Degryse, H. Jong, A. De. Investment and Internal Finance: Asymmetric Information or managerial Discretion? [J]. International Journal of Industry Organization, 2001, 24 (1): 125 – 147.

[156] DeJong, D., and Z. Ling. Managers: Their effects on accruals and firm policies [J]. Working Paper, 2010.

[157] Demerjian, P., B. Lev, and S. McVay. Quantifying managerial ability: A new measure and validity tests [J]. Management Science, 2012, 58 (7): 1229 – 1248.

[158] Demerjian, P., B. Lev, M. Lewis, and S. McVay. Managerial Ability and Earnings Quality [J]. The Accounting Review, 2013, 88 (2): 463 – 498.

[159] Durnev A, Morck R, Yeung B. Value – Enhancing Capital Budgeting and Firm – Specific Stock Return Variation [J]. Journal of Finance, 2004, 59 (1): 65 – 105

[160] Fama, E. Agency Problems and the Theory of the Firm [J]. Journal of Political Economy, 1980, 88: 288 – 307.

[161] Fan J P H, Wong T J, Zhang T. Institutions and organizational structure: the case of state – owned corporate pyramids [J]. Journal of Law, Economics, and Organization, 2013, 29 (6): 1217 – 1252.

[162] Fan, Joseph P. H. and T. J. Wong, Corporate Ownership Structure and the Informativeness of Accounting Earnings in East Asia [J]. Journal of Accounting and Economics, 2002, (33): 401 – 425.

[163] Fazzari S M, Hubbard G R, Petersen B C. Financing Constraints and Corporate Investment [J]. Working Paper, 1988.

[164] Fazzari S. M. Petersen B. C. Working Capital and Fixed Investment: New Evidence on Financing Constraints [J]. Journal of Economics, 1993, 24 (4): 328 – 342.

[165] Feng Chen, Qingyuan Li, Xin Wang. Financial Reporting Quality and Investment Efficiency of Private Firms in Emerging Markets [J]. The Accounting Review, 2011, 86 (4): 1255 – 1288.

[166] Francis B, Hasan I, Song L, Waisman M. Corporate governance and investment –

cash flow sensitivity: Evidence from emerging markets [J]. Emerging Markets Review, 2013, 15 (6): 57 -71.

[167] Francis B, Sun X, Wu Q. Managerial ability and tax avoidance [J]. Working Paper, 2013.

[168] Francis J, R La Fond, P Olsson, et al. The market pricing of accruals quality [J]. Journal of Accounting and Economics, 2005 (6): 295 -327.

[169] Francis, J., A. Huang, S. Rajgopal, and A. Zang. CEO Reputation and Earnings Quality [J]. Contemporary Accounting Research, 2008, 25 (1): 109 -147.

[170] Ge, W., D. Matsumoto, J. Zhang. Do CFOs have style? An Empirical Investigation of the Effect of Individual CFOs on Accounting Practices [J]. Contemporary Accounting Research. 2011, 28 (4) 1141 - 1179.

[171] George A. Akerlof. The Market for "Lemons": Quality Uncertainty and the Market Mechanism [J]. The Quarterly Journal of Economics, 1970, 84 (3): 488 -500.

[172] George R, Kabir R, Qian J. Investment - cash flow sensitivity and financing constraints: New evidence from Indian business group firms [J]. Journal of Multinational Financial Management, 2011, 21 (2): 69 -88.

[173] Gervais, S, Heaton, J. B. and Odean. T. Overconfidence, investment Policy and manager welfare [J]. Working Paper, 2007.

[174] Goergen, Marc and Luc Renneboog. Investment Policy [J], Internal Finance and Ownership Distribution in the UK. Journal of Corporate Finance, 2001, (7): 257 -284.

[175] Graham, Harvey & Rajgopal. The economic implications of corporate financial reporting [J]. Journal of Accounting and Economics, 2005 (40): 3 -73.

[176] Hambrick D. C. and Mason P. A., Upper Echelons: Organization as a Reflection of Its Managers [J], Academy Management Review, 1984 (2): 193 -206.

[177] Hans D. Investment and Internal Finance: Asymmetric Information or Managerial Discretion [R]. Erasmus Research Institute of Management Report Series, 2001.

[178] Hayes, R. E., and Schaefer, S. How Much Are Differences in Managerial Abili-

ties Worth? [J]. Journal of Accounting and Economics, 1999, 28 (3): 125 - 148.

[179] Healy P M, Palepu K G. Information asymmetry, corporate disclosure, and the capital markets: A review of the empirical disclosure literature [J]. Journal of accounting and economics, 2001, 31 (1): 405 - 440.

[180] Heaton, J. B. Managerial Optimism and Corporate Finance [J]. Financial Management, 2002 (31): 33 - 45.

[181] Jaffee, Russel. Imperfect Information and Credit Rationing [J]. Quarterly Journal of Economics, 1976, (90): 651 - 666.

[182] Jensen M C, Mcckling W H. Theory of the Firm: Managerial Behavior, Agency Costs and Ownership Structure [J]. Journal of Financial Economics, 1976 (3): 305 - 360

[183] Jensen M C. Agency Cost of Free Cash Flow, Corporate Finance, and Takeovers [J]. American Economic Review, 1986, 76 (2): 323 - 329

[184] Jensen, M. C. , Meckling, W. Theory of the Firm: Managerial Behavior, Agency Costs and Ownership Structure [J]. Journal of Financial Economics, 1976 (4): 305 - 360.

[185] Johnson S, Boone P, Breach A. Corporate governance in the Asian financial crisis [J]. Journal of financial Economics, 2000, 58 (1): 141 - 186.

[186] Johnson, S. , La Porta, R. , Lopez - de - Silanes, F. et al. Tunneling [J]. American Economic Review, 2000, 90 (2): 22 - 27.

[187] Kanodia C, Lee D. Investment and Disclosure: the Disciplinary Role of Periodic Performance Reports [J]. Journal of Accounting Research, 1998, 36 (1): 33 - 55.

[188] Kaplan S, L. Zingales L. Do Investment - Cash Flow Sensitivities Provide Useful Measures of Financial Constraints? [J]. Quarterly Journal of Economics, 1997, 112 (1): 169 - 215.

[189] Kimberly J. Cornaggia, Gopal Krishnan, Changjiang Wang. Managerial ability, credit ratings, and the cost of debt [J]. Working Paper, 2014.

[190] Koh P. On the association between institutional ownership and aggressive corporate earnings management in Australia [J]. The British Accounting Review, 2003, 35 (2):

105 - 128.

[191] Kreps D M, Wilson R. Reputation and imperfect information [J]. Journal of economic theory, 1982, 27 (2): 253 - 279.

[192] Krishnan H. A., Park D. Effects of top management team change on performance in downsized US coppanies [J]. Management International Review, 1998 (4): 303 - 319.

[193] Leland, H. E., and D. H. Pyle. Informational Asymmetries, Financial Structure, and Financial Intermediation [J]. The Journal of Finance, 1977, 32 (2): 371 - 387.

[194] Leuz C, Verrecchia R E. The Economic Consequences of Increased Disclosure (Digest Summary) [J]. Journal of accounting research, 2000, 38: 91 - 124.

[195] Leuz, C., D. Nanda, and P. D. Wysocki. Earnings Management and Investor Protection: An International Comparison [J]. Journal of Financial Economics, 2003 (69): 505 - 527.

[196] Leverty, J., and M. Grace. Dupes or incompetents? An examination of management' s impact on firm distress [J]. Journal of Risk and Insurance, 2012, 79 (3): 751 - 783.

[197] Lipe, R. The Relation between Stock Returns and Accounting Earnings Given Alterative Information [J]. The Accounting Review, 1990 (65): 49 - 71.

[198] Lipton M, Lorsch J. A Model Proposal for Improved Corporate Governance [J]. Business Lawyer, 1992 (1): 59 - 77

[199] M F McNichols. Discussion of the Quality of Accruals and Earnings: The Role of Accrual Estimation Errors [J]. The Accounting Review, 2002 (77): 61 - 69.

[200] Meyer J R, Kuh E. The Investment Decision: An Empirical Stacey [M]. Cambridge: Harvard University Press, 1957.

[201] Meyer M A, Vickers J. Performance comparisons and dynamic incentives [J], Journal of Political Economy [J], 1997, 105 (3): 547 - 581.

[202] Milbourn, T. CEO Reputation and Stock - based Compensation [J]. Financial Economy, 2003, 68 (2): 233 - 262.

[203] Modigliani F, Miller M H. The cost of capital, corporation finance and the theory of investment [J]. The American economic review, 1958, 48 (3): 261 – 297.

[204] Morck R, Shleifer A, Vishny R W. Management ownership and market valuation: An empirical analysis [J]. Journal of financial economics, 1988, 20: 293 – 315.

[205] Murphy, K. , Executive Compensation [M]. Handbook of Labor Economics, 1999 (3): 2485 – 2563.

[206] Myers S C, Majluf N S. Corporate Financing and Investment Decisions When Finns Have Information that Investors Do Not Have [J]. Journal of Financial Economics, 1984, 13 (2): 187 – 221

[207] Myers, S. C. Determinants of Corporate Borrowing [J]. Journal of Financial Economics, 1977 (2): 147 – 175.

[208] Panayiotis C. Andreou, Daphna Ehrlich, Christodoulos Louca. Managerial Ability and Firm Performance: Evidence from the Global Financial Crisis [J]. Working Paper, 2013.

[209] Peasnell, K . Accrual Management to Meet Earnings Targets: Uk Evidence Pre – and – Post – Cadbury [J]. The British Accounting Review, 2000, 32 (4): 415 – 445.

[210] Preston, D. S. , Karahanna, E. , and Rowe, F. , Development of Shared Understanding Between the Chief Information Officer and Top Management Team in U. S. and French Organizations: A Cross – Cultural Comparison, Transactions on Engineering Management, 2006 (5): 191 – 206.

[211] Rajgopal S, Shevlin T, Zamora V. CEOs' outside employment opportunities and the lack of relative performance evaluation in compensation contracts [J]. The Journal of Finance, 2006, 61 (4): 1813 – 1844.

[212] Rajgopal S, Venkatachalam M, Jiambalvo JJ. Is institutional ownership associated with earnings management and the extent to which stock Prices reflect future earnings [J]. Working Paper, 1999

[213] Rajgopal, S. , Venkatachalam, M. Financial reporting quality and idiosyncratic return volatility over the last four decades [J]. Working Paper, 2008.

[214] Randall Morck, Andrei Shleifer and Robert Vishny, Management Ownership and Market Valuation: An Empirical Analysis [J], Journal of Financial Economics, 1988, (20): 293 - 315.

[215] Richard M, Frankel, Marilyn F. Johnson, Karen K. Ne1Son. The Relation between Auditor's Fees for Non - Audit Services and Earnings Quality [J]. The Accounting Review. 2002, (6): 1 - 46.

[216] Richardson S, I Tuna, P Wysocki. Accounting for taste: board member preferences and corporate policy choices [J]. Working Paper, University of Pennsylvania and MIT, 2004 (23): 10 - 39.

[217] Richardson, S. Over - investment of Free Cash Flow [J]. Review of Accounting Studies, 2006, 11 (2 - 3): 159 - 189.

[218] Risberg M. Does Earnings Quality Matter for the Investment Decision? [J]. Working Paper, 2006.

[219] Robert E, Steven C, Fazzari S, Petersen B. Financing constraints and inventory investment: A comparative study with high - frequency panel data [J]. The Review of Economics and Statistics, 1998, 80 (4): 513 - 519.

[220] Rosen S. Contracts and the Market for Executives [R]. National Bureau of Economic Research, 1990.

[221] Ross S A. The determination of financial structure: the incentive - signaling approach [J]. The Bell Journal of Economics, 1977: 23 - 40.

[222] Roychowdhury, S. Earnings management through real activities manipulation [J]. Journal of Accounting and Economics, 2006 (3): 335 - 370.

[223] Shaker Srinivasan, Ravi Jagannathan. Does Product Market Competition Reduce Agency Costs? [J]. North American Journal of Economics and Finance, 1999, 10 (2): 387 - 399.

[224] Sharon Huang, Li Sun. Real earnings management, future firm performance and managerial ability [J]. Working Paper, 2013.

[225] Shleifer A, Vishny R W. Large Shareholders and Corporate Control [J]. Journal of Political Economy. 1986 (94): 61 – 88.

[226] Simsek, Z., CEO Tenure and Organizational Performance: an Intervening Model [J]. Strategic Management Journal, 2007 (6): 653 – 662.

[227] Spence M. Job market signaling [J]. The quarterly journal of Economics, 1973: 355 – 374.

[228] Stein, J. Agency, Information and Corporate Investment, Handbook of the Economics of Finance [J], Edited by George Constantin Ides, Milt Harris and René Stulz, Elsevier, 2003, 36 (4): 111 – 165.

[229] Stein, J. Internal capital markets and the competition for corporate resources. Finance [J], 1997, 52 (1): 111 – 133.

[230] Stiglitz J. A. Weiss. Credit Rationing and Markets with Imperfect Information [J]. American Economic Review, 1981, 71 (6): 393 – 411.

[231] Szewczyk S H, Tsetsekos G P, Zantout Z. The Valuation of Corporate R&D Expenditures: Evidence from Investment Opportunities and Free Cash Flow [J]. Financial Management, 1996, 25 (1): 105 – 110

[232] Taylor R N. Age and experience as determinants of managerial information proeessing and decision making performance [J]. Academy of Management Journal, 1975 (18): 74 – 81.

[233] Thomas J. Chemmanur, Imants Paeglis, Imants Paeglis. Management Quality and Equity Issue Characteristics: A Comparison of SEOs and IPOs [J]. Working Paper, 2010.

[234] Thornton L O´glove and Robert Sobel. Quality of earnings: the investor´s guide to how much money a company is really making [M]. New York: The Free Press, 1987.

[235] Tihanyi L, Ellstrand A. E, Daily C. M, Dalton D. R. Composition of the top management team and firm international diversification [J]. Journal of Management, 2000, 26 (6): 1157 – 1177.

[236] Verdi R S. Financial Reporting Quality and Investment Efficiency [J]. Working

Paper, 2006.

[237] Vogt S C. The cash flow and investment relationship: Evidence from U. S. manufacturing firms [J]. Financial Management, 1994, 23 (2): 3-20.

[238] Wang. D. C. . Founding Family Ownership and Earnings Quality [J] Journal of Accounting Research, 2006 (44): 619-656.

[239] Wurgler, J. Financial Markets and the Allocation of Capital [J]. Journal of Financial Economics, (58): 187-214.

[240] Xie, H. The Mispricing of Abnormal Accruals [J]. The Accounting Review, 2001 (76): 357-373.

[241] Zang, A. Y. Evidence on the Trade-off between Real Manipulation and Accrual Manipulation [J]. 2007, Working Paper, University of Rochester.